Adam Wenner von Crailsheim

Reisebuch von Prag aus bis gen Konstantinopel

weitsuechtig

Adam Wenner von Crailsheim

Reisebuch von Prag aus bis gen Konstantinopel

ISBN/EAN: 9783956561207

Auflage: 1

Erscheinungsjahr: 2013

Erscheinungsort: Bremen, Deutschland

@ weitsuechtig in Access Verlag GmbH. Alle Rechte beim Verlag und bei den jeweiligen Lizenzgebern.

weitsuechtig

Ein gantz new Reysebuch von Prag auß biß gen Constantinopel/

Das ist:

Beschreibung der Legation vnd Reise/ welche von der Röm. Käys. auch zu Hungarn vnd Böheimb/ꝛc. Königl. May. Matthia II. an den Türckischen Käyser Ahmet, den Ersten diß Namens/ vnd den sechzehenden deß Oßmannischen Geschlechts/ neben desselben vorm Jahr zu Wien ankommenen Bottschafft/ nach Constantinopel/ vnd die Oßmannische Porten abgeordnet: So Anno 1616. angefangen vnd Anno 1618. glücklich verricht vnd völlig abgelegt worden.

Darinnen die von tag zu tag gehabte Quartier/ selbiger vnd der vornembsten Oerter befundene Gelegen- vnd Beschaffenheit/ auch was täglichs/ so hiehero gehörig/ vorgeloffen/ vnd sonsten der Sachen erklärung erfordert/ neben anderm/ außführlich vermeldt:

Mit angehengter summarischer Anzeigung/ worauff das mächtigste Reich der Türcken/ oder wie sie sich nennen/ Musulmanlar, vnd selbiger Macht fürnemblich bestehet.

Sampt dreyen Verzeichnussen/ in welchen die mit dem Herrn Oratorn außgezogene Her: nstandes: Adels- vnd andere ihm angehörige Personen/ vnd was auff all solche von Türcken an Victualien täglichs zugeben verordnet worden/ auch die mitgeführte Käys. Present specificirt.

Alles in vier Theil abgetheilt/ selbsten mit fleiß observirt vnnd beschrieben/

Durch

Adam Wennern/ von Crailßheim/ꝛc.

Gedruckt vnd verlegt zu Nürnberg/ durch Simon Halbmayern/

M. DC. XXII.

Dedication-Schrifft.

Dem Durchleuchtigen Hochgebornen Fürsten vnd Herrn/ Herrn Joachim-Ernsten/ Marggrafen zu Brandenburg/ inn Preussen/ zu Stettin/ Pommern/ der Cassuben vnd Wenden/ auch in Schlesien/ zu Crossen vnd Jägerndorff/ ꝛc. Hertzogen/ Burggrafen zu Nürnberg vnd Fürsten zu Rügen/ꝛc. Meinem gnädigen Fürsten vnd Herrn.

Gnädiger Fürst vnd Herr/ꝛc.

MEin Sinn vnd Muht/ ist allzeit dahin gestanden vnd gericht gewesen/ frembde Länder zubesehen/ deroselben Gelegen-vnd Beschaffenheit/ auch der Einwohner Leben vnd Wesen/ dann nebenzu/ wo möglich/ was Sprachen zuerfahren vnd zulernen; Derowegen vnnd weiln solches auff eigene Spesa nicht geschehen können/ hab ich mich nacher Prag: als ein solch

)(ij   Ort/

Dedication-Schrifft.

Ort/ da je bißweiln dergleichen Gelegenheit vorfallen/ begeben. Wie ich auch hieran deß Zwecks/ nach welchem ich gezielt/ nicht allerdings gefehlet: Dann nach dem ich mich ein zeitlang daselbst/ bey der Röm. Käyf. Mayest. vornemen Appellation vnd Lehenraht/ꝛc. Herrn Johann Baptista Eysen/ꝛc. auffgehalten/ haben ersthöchstgedachte Käyf. May. mit dieser der zeit zu ermeltem Prag anwesender Türckischen Botschafft/zugleich einen Oratorn an die Oßmannische Porten abzuordnen allergnädigst entschlossen/ bey welchem mit hinein zureisen/auff wolgedachts H. Eysens/ꝛc. großgünstig gethane beförderung/ ich nachmals gute Gelegenheit erlangt.

Vnd ob ich wol von da auß/ meine Reiß weiters per mare, sonderlich mit einem Niderländischen Schiff (darauff/ wie hernacher vermeldt/ deß Königs von Fessa inn Africa oder Barbaria Bottschaffter/ ankommen vnd wider weggefahren) fortzusetzen entschlossen vnnd gelegenheit gewesen: So hab ich doch/weiln es dem H. Oratori zuwider/mein weiters reisen für dißmal vnterlassen vnd einstellen müssen.

Wann nun gnädiger Fürst vnd Herr/ ich bey Anfang biß zu End dieser Reiß gewesen/ eins vnd das ander/ was darbey täglich vorgangen/ auch sonsten

Dedication-Schrifft.

sonsten zu sehen gewesen/mit fleiß observirt, dann auf etlich/sowol der mitreisenden: als anderer Herren, beschehen bittliches anlangen/ dasselbe vñ so vil hiehero gehörig (bevorab weiln mir keiner bewust/ durch dene hiebevor/ dergleichen/ vnnd mit Gottshafftern verrichte Reiß/ völlig vnd außführlich beschrieben worden) zubeschreiben vnnd inn Druck außgehen zu lassen/ versprochen. Als hab ichs nunmehr præstiren: vnd in dem ich mich der Türcken Sprichwort erinnert/ welche pflegen zu sagen: Es solle zu anzeigung schuldigen Gehorsambs/ niemand mit leeren Händen oder ohne Præsent, was oder wie gering das auch sey/ für seinen Herrn kommen: an statt dessen E. Fürstl. Gn. als meinem gnädigen Herrn vnd Landsfürsten/hiemit diß Reisebüchlein dediciren: benebens vnterthänig bitten: dieselbe solches in Fürstlichen Gnaden auff-vnd annemen: Auch Ewer Fürstl. Gn. mich zu Gnaden wollen lassen befohlen seyn/ ɾc. Creilßheim/ 20 Novembris Anno 1618.

Ewer Fürstl. Gn.

    Vnterthäniger

        Adam Wenner von
            Crailßheim.

Vorrede an den Leser.

Die in diesem Reisebüchlein/ beschriebene Vestung/ Schlösser vnd Städt/ ꝛc. hette ich zugleich gerne ad vivum entwerffen/ vnnd durch deroselben Abriß/ nützlich vnd lustig repræsentiren lassen/ da es nicht an dem hierzu gehörigen/ vnnd mir als einer Privat-Person/ solcher zeit vnerschwinglich fallendem Verlag / angestanden.

Was dann der durchgereisten Länder

Vorrede an den Leser.

der mancherley Einwohner/ Leben vnd Wesen/ʀc. anlangt/ weiln solches neben deroselben Natural vnd eigentlicher Contrafäitung/ von etlichen (sonderlich was die Türcken betreffen thut) weitleufftig beschrieben an Tag kommen/ ohne das auch mein Propoß nicht ist/ darvon zu discurieren/ thue ich den begierigen Leser dahin weisen/ vnd allein hierinn vermelden/ was je bißweilen der Sachen erklärung erfordert/ auch vmb besonderer Vrsachen: vnd allerhand nachrichtung willen/ den newen Calender vnd die Zeit vnsers jeden Orts ankommens vnd auffbrechens
observiren.

Summa-

Summarischer Inhalt dieses Reiß-büchleins.

JM ersten Theil ist die Beschreibung der Reiß von Prag biß nach Constantinopel zu Wasser vnd Land.   Fol. 1

Im andern Theil/ was inn werendem stilligen daselbsten vorgangen/ so ich neben anderm observirt.   49

Im dritten theil vnser herauß Reiß von Constantinopel biß widerumb nach Prag zu Land.   99

Inn welchen dreyen theilen die von Anfang biß zu End dieser Reiß/ von Tag zu Tag gehabte Quartier/ selbiger vnd der vornembsten Oerter befundene Gelegen vnd Beschaffenheit/ auch was täglichs/ so hiehero gehörig/ vorgeloffen/ vnnd sonsten der Sachen erklärung erfordert/ neben anderm außführlich vermeldt. Vnd

Im vierdten Theil/ ein Summarische Anzeigung/ worauff das mächtigste Reich der Türcken/ oder wie sie sich nennen, Musulmanlar, vnnd selbiger Macht fürnemblich bestehet.   Item drey Verzeichnussen/ darinnen vnd der Ersten die mit dem Herrn Oratorn gereiste Herrnstandts-Adels-vnd andere jhin angehörige Personen. In der Andern was auff alle solche von Türcken an Victualien,&c. täglich zugeben verordnet worden. Vnnd in der Dritten die mitgeführte Käyserl. Præsent specificirt.   124

Sich anfahend/ begriffen.

Erster

Erster Theil
Ist ein Beschreibung
der Reiß von Prag biß nach Con-
stantinopel/ zu Wasser vnd
Landt.

DEmnach bey der Röm. Käy. auch zu Hungarn vnnd Böheim/ꝛc. Königl. Mayest. Matthia dem andern/ deß Türckischen Käysers Ahmets/ deß Ersten diß Namens/ vnd XVI. deß Osmannischen Geschlechts/ Pottschaffter/ Ahmet Chiay, (war deß Alj Baschen zu Ofen Hofmeister) neben einem adjungirten Commissario, Herrn Caspar Gratiano de Gradischad, ein Crabat vnd noch ein Christ/ sowol wegen überliferung etlicher Præsenten, als newer Confirmation deß prolongirten 20 jährigen Friedens/ dann fernerer Tractation der noch vnverglichenen Oerter vnnd Puncten/ꝛc. den 22. Maij Anno 1615. zu Wien ankomen: Als haben obhöchstgedachte Käy. Mayest. nach ertheilter Audienz/ der vnverglichenen Oerter vnnd Puncten halber Commissarien verordnen/ vnnd nach beederseyts gepflogenen Handlungen/ etwas vergleich treffen lassen/ benebens mit obangezogener Türckischen Pottschafft/ einen Oratorn mit freywilligen Præsenten vnnd Instru-

Warumb vnd wañ die Türckische Potschaffte zu Wien ankom̃en.

Tractation mit der Türckische Potschafft.

Käy. May. entschliessen

Erster Theil

Anno 1616. einen Oratoren abzuordnen. H. Tschernin würd die Ambassada anvertraut.

Instructionen, an die Oßmannischen Porten abzuordnen allergnädigst entschlossen/ auch deßwegen mit dem Wolgebornen Herrn/ Herrn Herman Tschernin von Chudenitz/ ?c. Freyherrn auff Zlabe vnd Kebilaw/ Ihr Käys. Mdyst. Raht/ vnd in der Alten Stadt Prag Hauptmann/ auch Fürstl. Durchl. Ertzhertzogs Ferdinandi/ ?c. Cammerer/ ?c. (welcher zuvor auch in der Türckey/ zu Jerusalem/ Hispania vnd mehr andern Königreich vnnd Landen gewesen) allergnädigst accordiren, solches alles anbefehlen vnd vertrawen lassen.

Anno. 1616. Februarius. Herr Orator soll fort reisen.

Den 4. Februar. Anno 1616. ist jme Herrn Oratorn, auß dem geheimen Raht im Namen Ihr Käys. Mayest. allergnädigst angedeutet worden/ nun mehr der Reiß in Gottes Namen ein Anfang zu machen/ vnd entweder zu Wien: oder gar an der Gräntzen zu Comorrn/ der deputirten Comissarien fernern Bescheidts zugewarten.

Herr Orator hat Audientz.

Den 18. hat bey I. Fürstl. Durchl. Ertzhertzogen Maximilian/ ?c. vnd den 19. bey Ihr Käys. Mayest. der Herr Orator allergnädigste Audientz gehabt/ vnnd damals von selbigem Hof Vrlaub genommen/ darauff

Auffbruch zu Prag.

Den 20. mit sechs Gutschen vnd zween Rüstwägen/ auch denen dieser zeit bey sich habenden Cavalier vnnd Dienern von Prag auffbrochen/ vnd

Ankunfft zu Zlabe.

Den 21. abends Herrn Orators Sitz einen/ Zlabe genañt/ erlangt/ allda biß auff den 27. verblieben.

Auffbruch zu Zlabe.

Den 28. als der Herr Orator von seiner Gemahlin vnd andern freundlich vrlaub genommen/ seynd wir wider fortgereist/ kamen

Martius. Ankunfft zu Wien. Visitationes.

Den 5. Mart. abents gen Wien/ losirten beym rotē Krebs/ daselbsten wir biß auff den 19. Maij verblieben: In solchem stilligen hat der H. Orator Herrn Graf Trautsahm Statthaltern/ ?c. vnd Herrn Stadtobristen dene von Mohlard/ ?c.

neben

Conſtantinopolitaniſcher Reiß.

Anno 1616.
MARTIUS.

neben andern Herren/ wie auch die Türckiſch Botſchafft etlich mal: Ingleichem alle ſolche ihne hinwider beſucht.

Auch inmittels/ was auff ein ſolche Reiß/ vnd zu Repræſentirung Ihr Käyſ. May. Perſon/ dann ſonſten inn einem vnd anderm gehörig/ ſich verſehen vnnd gefaſt gemacht/ nicht weniger alle dero Diener in ein rote Liurea auff Vngariſch kleiden: In ſolcher maniero ſich auch die mitreiſende Cavalierer vnd ihre Diener außrüſten laſſen.

Herr Orator macht ſich zur Räyß völlig gefaſt

Den 15. Maij hat der H. Orator bey den Geheimen vnd Kriegsrähten/ in der Burg/ vnd

MAJUS.

Den 18. bey Herrn Cleſeln/ ꝛc. Audientz gehabt/ auch die gehörige Credentzſchreiben: ſampt den Inſtructionen: vnd zugeſtelten freywilligen Præſenten, alſo damit ſein völlige abfertigung vnd vrlaub erlangt/

Herr Orator hat audientz
Herr Orator wird völlig abgefertigt.

Den 20. abents vmb 5. vhrn/ iſt der H. Orator (nach dem derſelbe zuvor/ von denen beym Mittagmal geweſenen Herren/ wie auch ſonſten von andern ſeinen verwandten vnd bekandten freundlichen Abſchied genommen) mit denen ihm angehörigen Cavalier- vnnd Dienern/ inn die/ vorm roten Thurn über der Schlachtbrucken/ für ihn vnd die ſeinige verordnete Schiff gangen/ alsbalden in Gottes Namen ſampt dem Türckiſchen Potſchaffter vnnd ſeinem adjungirten Commiſſario (ſo mit ihren Schiffen zur andern ſeiten der Thonaw) vom Land ſtoſſen: die Fahnen fliehen: auch ſeine Trometer vnd Heerpaucken vnter einander gehen laſſen/ vns folgte der Türckiſch Potſchaffter neben ſeinem adjungirten Commiſſario, fuhren alſo in vieler Leut zuſehen vnnd mit deroſelben glückwünſchen davon, lendeten ein Meilwegs vnter Wien/ zwiſchen dem Käyſ. Luſthauß vnd newen Gebäw zur lincken Hand/ zeitlich an/ alda wir dieſe Nacht verbliben.

Auffbruch zu Wien.

Den 21 als man frü vmb 4 vhrn wider vom Land ruͤcket/ ſtieſſe auch deß Herrn Orators adjungirter Commiſſarius.

A ij

Anno 1616.
MAJUS.
Wie starck wir fortzogen.

sarius Herr Cæsar-Gall (ein Italianer) zu vns/ zogen also
samptlich/ inn die 26 Schiff vnnd 400 Personen starck (die
Schiffleut nicht mit vntergerechnet) fort/ liessen Dewen ein
Schloß/ auff einē felssigten Berg erbawet/ zur lincken Hand
ligen/ ob welchem das Wasser Marck inn die Thonaw fellt/
allda ihren Namen verleurt vnnd (wie zur andern seiten das
Wasser Leida) Oesterreich von Vngarn scheidet/ erlangten
folgends nachmittag vmb zwey vhr Preßburg/ lagen zur lin-
cken Hand gleich vnter dem Arsenal.

Ankunfft zu Preßburg.

Der Rahe verehret Wein.

Nach vnserer ankunfft/ verehrte der Rath daselbst dem
Herrn Oratorn etlich Kanten rot vnnd weissen Vngari-
schen Wein.

Herr Orator helt ein Pan= cket.

Diesen abend hielt der Herr Orator ein Pancket/ in ob-
gedachtem Arsenal/ darbey erschiene Herr Palvi Stadthal-
ter/ neben etlich andern Vngarischen Herren/ dann der Tür-
ckische Pottschaffter vnnd beederseyts Commissarien, wa-
ren lustig vnd ließ sich deß Herrn Oratoris Musica hören.

Auflauff vil was darbey vergangen.

Den 22 lagen wir daselbst wegen deß Pfingstfests still/
vnd hett der Herr Orator beym Mittagmal deß Türckischen
Pottschaffters Hof- vnd Stallmeister: In dem man nun bey
der Tafel saß/ erhub sich ein vnversehener Lermen vnd Auff-
lauff/ die Ursach war/ daß die Türckischen Köch/ weiln sol-
che wegen deß Winds auff ihrem Schiff nicht kochen kön-
nen/ ein Fewr auff das Land gemacht/ zu dem sich der gemein
Pöfel gesamblet/ mit Steinen auff sie geworffen vnd wider
ins Schiff getrieben/ als nun der H. Orator solches vernom-
men/ hat er sich neben H. Palvi alsbalden dahin verfügt/ vnd
den Tumult gestillt; gegen jhnen beklaget sich der Türckische
Potschaffter wegen beschehenē gewaltthätigen überfalls zum
höchsten/ wolte lenger nicht allda verbleiben/ der H. Orator
vnnd Palvi aber entschultigten sich deßwegen zum besten/ er-
botten/ sich auch den anfengern nachzuforschen vnd gebühr-
lich zu

Conſtantinopolit. Reiß. **5**   *Anno 1616.*
  MAJUS.

lich zuſtraffen/ wir ruckten doch vnter deſſen mit den Schif=
fen/ fortzufahren/ zuſammen/ inmittelſt wurde der Türckiſche
Pottſchaffter dahin beredt/ daß er wegen allerhand angedeu=
ter vrſachen/ dieſen tag vollends allda verblieben/ deme dann/
zu verhütung fernneren Aufflauffs/ ein Quardi zugeord=
net worden.

Beſchreibung der Stadt vnd Veſtung Preßpurg/ ꝛc.

Preßpurg/ iſt ein feine Stadt/ mit einer zimblichen Mau=
ren vnd Waſſergraben vmbfangen/ im hinunter zur lincken
Hand an der Thonaw/ in einem luſtig vnd zu allem frucht=ba=
ren Ort was bergig/ ob welcher auff einem höhern Berg das
veſt Königliche Schloß: darinnen die Vngariſche Cron:
auch von Teutſchen vnd Vngarn ein Beſatzung/ gelegen.

Den 23. vormittag vmb 10. vhren ſeynd wir vom Land *Auffbruck zu*
geſtoſſen/ vnd abends vmb ſechs vhr bey einem Hungariſchen *Preßpurg.*
Dorff Budack genandt/ zur lincken Hand der Thonaw an= *Budack.*
gelendet vnd über nacht verblieben.

Den 24 Morgends vmb 4 vhr ſind wir ferner fortgefah=
ren/ ſahe vnter wegs die ſchöne wolverwahrte Veſtung Raab *Raab.*
zur rechten Hand/ kamen nachmals ſpat mit der Nacht vnd
ſchwerer mühe/ wegen gehabt widrigen Winds/ zu Comoren *Ankunfft zu*
an/ wurden von ſelbigen Orts Obriſten/ H. Hanns=Diederi= *Comoren*
chen von vnd zu Reiffenberg/ Rittern/ ꝛc. mit loßbrechung etli= *vnd wie wir*
chen groſſen ſtück Geſchütz/ vnd von der Beſatzung/ ſo vns biß *empfangen*
ans Vfer mit fliegenden Fahnen entgegen kommen/ ſtatlich *worden.*
empfangen/ auch von derer etlichen/ ſelbige vnnd folgende
Nacht bewacht; Der Herr Obriſt beſuchte den Herrn Ora= *Herꝛ Obriſt*
torn noch dieſe Nacht auff dem Schiff/ vnd begab ſich nach *beſucht den*
ſolchem widerumb in die Veſtung. *H. Oratorn.*

A iij   Den

Erster Theil

Anno 1616.
MAJUS.
Meßgehöret vnd die Vestung besichtigt.
Türckische Schiff werden visitirt/ vnd was dabey zugedencken.

Den 25. hat der Herr Orator inn der Vestung Meß gehört/ vnd zugleich selbige/ neben andern/ hin vnnd wider besichtigt.

Nach solchem visitirt man deß Türckischen Pottschaffters vnd seines Commissarien Schiff/ darinnen zwo Christenpersonen gefunden: vnd wider genommen worden.

Sie haben gleichwol über gethanes nachsuchen/ noch mehr verborgen erhalten/ davon ich nachmals einen zu Constantinopel gesehen/ welcher vngefehr bey siebenzehen Jaren/ schön vnd von Wien/ allda er das Allmosen gesamblet vnnd von Türcken verführt worden/ gewesen/ Solchen hat der Türckische Pottschaffter einem vornemen Türcken/ namens Ali Aga, deß Aly Bascha zu Ofen Agent bey der Porten/ vmb ein ansehenliche summa Gelts verkaufft/ den er nach seinem gefallen (wie der Türcken gewonheit/ welche sie von den Italienern/ ihr im vorgeben nach gelernet) gebraucht.

Herr Obrist helt ein Panckett.

Diesen Mittag hat der Herr Obrist dem Herrn Oratorn, neben dem Türckischen Pottschaffter/ vnd beederseyts Commissarien, in einem lustig auß der Vestung gelegenen Garten/ ein stattlich Panckett gehalten/ vnnd erledigt damals Herr Gratianer 2 gefangene/ einen Türcken vnd Tartarn.

Herr Orator avisirt dem Bascha sein Ankunfft.

Den 26 frü schickte der Herr Orator Marquarten Psofffki einen Böhmischen von Adel mit schreiben an Aly Bascha gen Ofen/ vnd avisirt denselben seine ankunfft.

Beschreibung der Vestung Comorn/ ꝛc.

Comorn ist vnter allen Vngarischen Vestungē noch ein Jungfraw vnnd sehr vest/ ligt im hinunter fahren zur lincken hand der Thonaw/ an einem lustig/ ebenen vnnd fruchtbaren ort / da am äussersten eck oder winckel derselben zwey Schiffreiche Wasser/ als erstgedachte Thonau zur rechten/ vnnd die

Wag

Constantinopolit. Reyß.

7 Anno 1616.
MAJUS.

Was zur lincken Hand zusammen kommen/ vnnd gewaltig
beveſtigen/ iſt mit Teutſchen beſetzt/ der daran ligende groſſe
Marck aber von Vngarn bewohnt/ welcher Anno 1594. als
die Veſtung von dem tollen beſtialiſchen Chriſtenfeind Si=
nan Baſcha/ vergeblich belegert vnd beſchoſſen: im Rauch
gen Himmel geſchickt worden.

 Nachmittag vmb ein vhr/ iſt man von Comorn auffbro= *Auffbruch*
chen/ vnd haben vns etlich zugebene Zſcheucken oder Schiff/ *zu Comorn*
(in derer jedem zwey Feldſtücklein/ welche man nach erforder=
ten fall hin vnd wider leichtlich richten kan/ auch 25 biß in 30
Naſadiſten (ſeynd Kriegsleut zu Waſſer/ ziehen zugleich das
Ruder) ſampt einem Weyda waren/ welche ihrer Säyler an
vnſere Schiff gehengt/ vnnd damit fortgefürt: neben zween
Fahnen Huſarn (ſind Vngariſche Kriegsleut zu Roß) ſo zu
Land geritten/ confojirt : Als nun der Herr Orator mit
Herrn Obriſten zu Comorn vnd adjungirtem Commiſſa=
rio Cæſar Gallen/ auff einer Zſcheucken allein voran: ein
halbe Meil wegs vnter Comorn: an gewöhnliches Ort der
Grentz kommen/ hat daſelbſt der Türckiſche Pottſchaffter mit
ſeinem Commiſſario (ſo gleichfals von Comorn auß auff
einer Zſcheucken voran gefahren) vnd dem Sangiac-beeg
(oder Obriſten ſelbiger Veſtung) von Gran mit etlichen Tür=
cken zu Roß vnd Janitſcharen (ſind Soldaten zu fuß/ vnd der
Kern deß Türckiſchen Käyſers Kriegsvolck) vnſer gewartet.
Als ſie nun zu Land einander freundlich gegrüſt vnd empfan=
gen/ hat per Obriſt von Comorn gegen ihnen folgender ge=
ſtalt geredt: Er recōmendiere ſeines Allergnädigſten Käy= *Wie wir an*
ſers vnnd Königs/ ꝛc. hiezugegen nach der Oſmanniſchen *der Grentz*
Porten abgeordneten Herrn Oratorn neben ſeinem Com= *recōmendirt*
miſſario vnd all den ihrigen denſelben hiemit/ dergeſtalt/ daß *vn̄ empfan=*
ſie vns alles guts/ wie ihnen von den vnſerigen beſchehen/ er= *gen worden.*
zeigen vnd es dahin befürdern ſollen/ damit ſolche nach anbe=
                fohle=

Erster Theil

Anno 1616.
MAJUS.

fohlener verrichtung/ ehist wider sicher vnnd vnauffgehalten herauß komme/rc. welches sie zu thun/ sich anerbotten.

Vnter dessen kamen inn die 25. wolarmirte mit vielen Fehnlein vnd anderm Gezierte Zscheucken/ die sich mit lustigem vmbfahren/ grossem schiessen vnd geschrey/ auch vngestümmer regung jhrer Trommeln vnnd Schalmeyen/ vmb vnser Schiff erzeigeten/ daran sie nachmals jhre Seiler geworffen/ vnd vns in solchem vngewohnten wesen/ ohn hinterlassung einigem sonst gebreuchlichen Pfandschillings/ fortgeführt/ darauff zoge der H. Obrist von Comoren/ wie auch der Sangiac-beeg von Gran/ jeder mit den seinigen wider anheimbs/ vnnd lendeten wir abends vmb sechs vhr vnter

Neußmühl

Neußmühl/ einem gehuldigten Dorff/ zur rechten Hand der Thonaw/ bey einer lustigen Awen an/ allda der Türckische Pottschaffter/ was man der Orts bekommen können/ dem H. Oratorn vnd seinem adjungirtem Commissario, in Kuchen vnd Keller verschaffen lassen.

Den 27 frü vmb vier vhr sind wir ferner fortgeruckt/ vnnd vnter wege gesehen das wolgelegene Hauß Dotes den vnserigen gehörig/ so wir zur rechten Hand gelassen/ kamen

Ankumfft zu Gran vnnd wie wir empfange worden.

vmb sieben vhr vormittag gen Gran: Als wir nun der Vestung genahet/ haben sie darauß die Stück/ wie auch zu Gockern loßgebrennt/ drauff alsbalden wider geladen/ vnd ehe wir zu Land kommen/ zum zweytenmal Fewr geben/ am Vfer stunden etlich hundert Personen/ so vnsere ankunfft zusehen gewartet/ auch vorneme Türcken/ die der Sangiac-beeg den Herrn Oratorn zu empfahen geschickt/ vnnd waren in einer lustig dabey gelegenen Wiesen etlich Getzelt auffgeschlagen/ auch vns an allerhand Victualien vnd Wein/ von Türcken

Dem Begen wurd sein Præsent zugestellt.

gnugsamb verschafft. Nach diesem vormittag ließ der Herr Orator dem Beegen sein deputirt Præsent zustellen/ welches er mit sonderbarem dancksagen angenommen.

Nach-

Constantinopolit. Reyß.

Anno 1616.
MAIUS.
Audienz beym Beggen.

Nachmittag schickte er in die 25 schöne wolgeputzte Roß herunter zu den Schiffen/ drauff der Herr Orator, mit dem Türckischen Pottschaffter vnd beederseyts Commissarien zu sampt den Cavalier-vnnd Dienern/ inn die Vestung geritten vnd gangen: Nnach dem sie nun einander begrüst vnd empfangen/ auch was Gespräch gehalten/ hat vns der Beg in schönen Porcelanen vnnd Majolica Schalen/ Scherbet (welches ein Türckisch Getranck/ von Wasser vnnd gesottenen dicken mit Zucker vermischten Säfften angemacht/ so man süß vnd sawr/ gut vnd schlecht/ wie man wil/ præparirt, vnd vnserm Julep zuvergleichen ist) zutrincken geben: auch in der Vestung vmbführen vnd selbige besehen lassen/ marchirten nach diesem widerumb zu vnsern Schiffen.

Wz Scherbet seyt

Beim Nachtessen hatte der Herr Orator den Beg, Türckischen Pottschaffter/ sampt beederseyts Commissarien, auch andere vorneme Türcken; hielte ein FeldTafel/ waren frölich/ vnd ließ sich dabey deß H. Orators Musica, Trommeter vnd Heerpaucker lustig hören.

Herr Orator hat Gäst.

Beschreibung der Vestung Gran/ ꝛc.

Gran/ wegen deß dabey in die Thonaw fallenden Fluß Gran/ also: (von Türcken aber Ostorgon) genandt/ die erst Türckische Haupt-Vestung gegen der Christenheit/ ligt im hinunter fahren zur rechten Hand an der Thonaw auff einem hohen fälsigten/ von natur bevestigten Ort/ allda vor zeiten ein Vngarisch Ertzbistthumb gewesen/ darinnen noch ein verwüste Kirchen vnd Capellen von rotem Marmolstein erbawet/ welche die Türcken jetzt für jhr Meschiten brauchen/ zu sehen/ am Berg/ der Thonaw zu/ ligt das Wasserstädtlein/ mit einer an die Vestung erbawten Mauren vmbfangen/ vnd neben demselben hinnumb gegen Mittag/ das Raitzenstädtlein/ so sehr zerstört/ vnter der Vestung aber auff dem

B   Tho-

Thomasberg das Plockhauß/ vnnd oberhalb derselben vber der Thonaw/ die Palancka Gockern/ in einer lustig sehr fruchtbaren ebene/ ꝛc. Ist allda/ als an der Gräntzen von Gebawen nichts sonders zu sehen/ auch das köstliche warme Bad schlecht zugericht/ ꝛc. Sie ist Anno 1605. vom Türckischen Käyser durch übergebung einbekommen/ vnd seythero zusampt dem Plockhauß/ wie auch gedachter Palancka Gockern reparirt vnd fortificirt worden/ anjetzo von Vngarn vnd Türcken/ auch etlichen Juden bewohnt.

Auffbruch zu Gran. Den 28 frü vmb fünff vhr sind wir weiter fortgeschifft/ vnd hat vns der Beeg accompagnirt, fuhren neben Fischegrad oder Blindenburg/ eim zimlich zerschossenem Schloß/ auff einem hohen Felsen/ zur rechten Hand ligend/ vnnd jetzo den Türcken gehörig/ hin/ darauß sie vnns mit loßbrennung der Stück empfangen/ sendeten noch vormittag vmb neun *Ankunfft bey Waitzē vnd was da bey zugedencken.* vhr bey einer lustigen Awen/ da etliche Gezellt auffgeschlagen waren/ zur rechten Hand an.

Gleich gegen über zur lincken Hand/ an der Thonaw/ ligt Waitzen/ ein Castel den vnserigen gehörig/ welches von Vngarn besetzt vnd bewohnt: vnnd den Türcken ein grosser Dorn in den Augen ist/ dann alles was sie von Gran hinab: oder von Ofen vnd andern Orten herauff/ zu Wasser bringen wollen/ allda zulenden muß/ oder zu grund geschossen wird/ derentwegen sie vmb einraumung dieses der Christenheit noch gehöriges: vnnd fast mitten zwischen Gran vnnd Ofen ligendes letztes Frontierhauß/ neben andern vnverglichenen Oertern sich starck bemühen/ ꝛc. Der Capiten dieses Castels ist nachmittag mit zweē Tscheucken herüber gefahren/ vnd mit dem Türckischen Poteschaffter/ in beyseyn deß Herrn Oratoris vnd beederseyts Commissarien Gespräch gehalten/ mit deme nachmals der H. Orator, auch theils der seinigen/ solches zubesehen/ hinüber gefahren/ da vns dann

von

Constantinopolit. Reiß.

von jhme Capitán/ wie auch sonsten alle Cortesia erzeigt worden.

Anno 1616. MAIUS.

Den 29 brachen wir frü nach vier vhr auff/ als wir nun vnter alt Ofen ein Dorff/ ein viertel Meil wegs von der Vestung Ofen ligent/ kommen/ seynd vns in die 20 wolgepuzte/ mit vielen Fehnlein gezierte Tscheucken begegnet/ die vns in schöner ordnung mit lustigem vmbfahren/ grossem schiessen vnd geschrey/ auch regung jhrer Trommeln vnd Schalmeyen empfangen/ denen vnsere zugebene Tscheucken hin wider solcher gestalt begegnet/ in dem ersahen wir auch in die tausent Türcken zu Roß/ theils in jhren silbern vergulden mit Edelgestein versetzten Sebeln/ Palasten/ Pusicanen/ vnd schöner Japren/ auch stattlichen Bogen vnnd Pflichtspfeilen/ köstlich außgerüst/ gantz lustig/ neben beeden seiten der Thonaw/ gegen vns reiten/ welche sich hin vnd wider/ einem Scharmutzel gleich/ zierlich dummelten/ vnter dessen wurde auch auß der Vestung/ Plockhauß vnnd Pest/ auß groben stücken (so theils scharpff: mit singenden Kugeln geladen über vnser Schiff gestogen) starck geschossen/ empfiengen vns also ansehlich mit grossem schiessen vnnd geschrey/ zu Wasser vnnd Land/ allda etlich 1000 Personen vnser Ankunfft mit verlangen erwartet vnd gesehen/ lendeten in dem vmb neun vhr vormittag vnter der Vestung vnnd dem Königstall/ GOttlob/ glücklich an.

Ankunfft bey Ofen vñ wie wir empfangê worden.

Als man nun angelendet/ kamen alsbalden zween Zorbaschi/ (so Hauptleut über die Janitscharen sind) diese führten den H. Oratorn auß dem Schiff in ein lange/ gleich oberhalb dabey/ auffgemachte Lauberhütten/ allda sich der H. Orator inn ein Sessel gesetzt. Nach solchem erschiene deß Alj-Bascha Stallmeister mit andern vornemen Türcken/ empfiengen den Herrn Oratorn im Namen deß Alj Bascha/ mit vermelden/ er vernerxe sein glückliche ankunfft gantz er-

Der Alj Bascha lest den H. Oratorn empfangen.

B ij frewlich/

Erster Theil

*Anno 1616.
MAIUS.* frewlich/ solte heut auff die Reiß ruhen/ ?c. dessen sich der H. Orator gebührlich bedanckt/ vnd jne wider begrüssen lassen/ darauff führten vorige zween Zorbaschi den H. Oratorn durch obgedachte Lauberhütten/ in welcher ein Tafel/ derselben leng/ vnserer art nach zugericht vnd mit Essen besetzt war/ inn einem schönen nechst dabey neben andern auffgeschlagenen Zellt (welche zusampt der Lauberhütten mit einem tüchichen Vorhang vmbzogen: vnd mit vielen Janitscharen verwacht gewesen) in dem es gleichfalls zum Essen alles bereit/ darinnen der H. Orator mit seinem Commissario vnd Cavalierern, auch etlich vorneme Türcken das Mittagmal: vnnd die Diener inn obvermelten langen Tafel selbige eingenommen.

Wo man das Mittagmal eingenommen.

Den 30 hat der Herr Orator durch seinen Hof=vnnd Stallmeister/ dem Alj Bascha sein verordnetes Præsent zustellen lassen/ dessen er sich höflich bedanckt/ vnnd jhme Hof= vnd Stallmeister Caphten verehren lassen.

Dem Alj Bascha sein Præsent übergeben.

Den 31 schickte der Alj Bascha in die fünff vnnd dreissig schön gezierte Roß herunter zu den Schiffen/ darauff der H. Orator mit seinem Commissario vnnd Cavalierern zur Audientz geritten/ die Officierer vnnd andere Diener aber je zween vnd zween vor jhnen gangen/ zu vorderst ritten etlich voreme Türcken vnd Zauschen/ (werden in allerley commissionen vnnd begleitung frembder Gesandten gebraucht vnd zugeordnet) welche vns bey einer halben Stundt ausser der Vestung vmbher: vnd endlich neben dem Schloß durch ein Thor: zu deß Alj Bascha Losament geführt/ biß dahin/ von vnsern Schiffen an/ zu beeden seiten die Janitscharen vnd Zscheucken Knecht in jhren Wehren/ vnd einer gemachten Gassen/ dardurch wir passirt/ gestanden/ vor solchem Losament waren gleichfalls viel Zauschen vnnd Janitscharen/ innerhalb im Hof hielten die Zorbaschi vnnd andere vorneme

Audientz beym Bascha vnd wie solche verricht worden.

Constantinopolit. Reiß.   13   *Anno 1616.*
                                           MAJUS.

nennte Türcken: Als nun der Herr Orator dahin kommen/
hat jhm vor der Stiegen deß Ali Bascha Stallmeister vom
Roß geholffen/ darauff führten jhn zween vorneme Türcken
hinauff in ein grossen Saal/ inn welchem ein Bühne/ zwo
spannen hoch von dem Boden erhöhet/ vnd mit schönen Tep-
pichen belegt/ auffgemacht war/ allda der Ali Bascha (heißt
ein Haupt/ sowol inn Politisch: als Kriegsregiment) auff ei-
nem nidrigen mit Tuch überzogenen Stulsaß: In dem nun
der Herr Orator etwas nahe hinzu kommen/ ist jhm der Ba-
scha inn zween Schrit entgegen gangen vnnd jhrer art nach
empfangen/ nach solchem setzt er sich wider nider/ vnd saß zur
lincken (welches sie für ein Ehr/ weiln daselbst der Säbel: vnd
frey seyn soll/ achten) neben jhm der Herr Orator, dann Herr
Cæsar-Gall, zur andern seyten aber der Türckische Pott-
schaffter vnd Herr Gratianer, vmb sie her/ stunden die Ca-
valier- vnnd Diener/ in dem vermeldt der Herr Orator dem
Bascha den Käyserl. Gruß vnd Gnad/ übergab dabey die an
jhn habende Credentzschreiben/ ɤc. Dagegen sich der Bascha
gebührlich bedanckt/ die Schreiben/ zur anzeigung sonderba-
rer Reverentz/ geküst/ vnnd über sich an sein Bund gehalten/
auch wie es Jhr Käys. Mayest. dero Herren Brudern/ vnnd
dem Herrn Clesel/ ɤc. dem Herrn Grafen von Altheim erge-
he/ ɤc. gefragt/ auff empfangene Antwort vnnd etwas mehr
hinc indè gehabtem Gespräch/ wurde nachmals von denen
im Saal viel stehenden Türcken mit grossem geschrey zum
Frieden glück gewünscht/ folgends ließ der Ali Bascha dem
Herrn Oratori, Türckischen Pottschaffter/ auch beederseyts
Commissarien vnd Cavalierern, Caphiten (welches lan-
ge Röck/ in form der Vngarischen Mantee/ doch ohne Kra-
gen vnd Schlingen/ von Golt/ Silber vnd stickwerck/ aller-
ley farben eingetragenen Blumwerck seynd) anlegen/ den
Dienern aber fast allen/ inn drey/ vier Elen gut Tuch verh-
                       B iij   ren/

Anno 1616.
MAIUS. ren/ darauff die/ so was bekommen/ jhme Bascha dem brauch nach/ die Hand vnd Rock geküst.

Nach diesem nam der Herr Orator für dißmaln freundlichen Abschied/ vnd seinen weg/ durch das Wiener Thor/ in vorigem Comitat, wider zu den Schiffen/ als er nun vom Roß gestiegen/ haben obgedachte Soldaten/ so Interim jhr vorig gehabte Ordnung hieher verruckt/ein starckes Salve geschossen; Es kamen auch alsbalden deß Baschen Trommeter/ Schalmeyer vnnd Trommelschlager/ machten jhrer art nach auff/ vnd wurden mit einer verehrung abgefertigt/ imgleichem erzeigten sich etliche Zigeuner/ mit jhren Geigen vnnd andern Seitenspielen/ welche eben sowol fein höflich/ more barbarico, auffgemacht/ vnd darein durch einander/ von der Türckischen Käyser begangenen rühmlichen thaten/ vnlieblich/ schreyent gesungen/ so nachmals mit etwas Gelt gestillt worden.

Türckische Ringer vnd derselben gewohnheit. Auff dito nachmittag/ kamen etliche Ringer/ bey den Türcken Pelvianders genant/ zu vnsern schiffen/ welche lang gerungen vnnd letzlich einander zu boden gearbeitet/ denen hernacher etwas Gelt geben worden/ dieses wird zu Constantinopel täglich in vnterschiedlichen Plätzen auff den Abend gesehen/ seynd starcke schwartze Personen/ sehen auß/ als wann sie schon etlich tag auff eim Radt gelegen/ üben sich von jugend auff in solchem ringen/ gehen gantz bloß/ ausser daß sie Teutsch lederne enge Hosen/ so mit Oel wol geschmirt/ daß man sich nicht daran halten kan/ anhaben/ gibt bißweilen gute stöß/ wer nun im fallen oder sonsten auff den andern kompt/ der hat gewonnen/ alsdann erlangen sie von den vmbstehenden zusehern ein verehrung.

JUNIUS.
Ordinari. Den 1 Junij hat der Alj Bascha auff den Herrn Oratorn, dessen Cavalier vnd Diener/ täglich 125. Gulden für Victualien, wie auch Herrn Cæsar Gallen, dem Türckischen

Constantinopolit. Reiß.   15

schen Pottschaffter vnnd Herrn Gratian/die mit jedwederm *Anno 1616.*
verglichene Ordinantz/ allzeit absonderlich/ neben gnugsa- *JUNIUS.*
men Futter auff die Roß geben lassen.

   Den 2 hat der Herr Orator bey dem Bascha widerumb *Andere Au-*
Audientz gehabt/ꝛc. *dientz.*

   Den 3 hat der Herr Orator jhme ein überauß schönen *H. Orator*
vnd grossen Englischen Hund verehren lassen/ welchen er mit *verehrt dem*
sonderm dancksagen angenommen. *Bascha ein Hund.*

   Den 5 hat der Bascha dem Herrn Oratorn neben all *Bascha lest*
den seinigen/ folgenden Tags bey jhme das Mittagmal ein- *vnns zum*
zunemen/ durch seinen Stallmeister bitten lassen. *Panckt la- den.*

   Den 6 ist der Herr Orator mit seinen Cavalier vnnd *Erscheinüg*
Dienern/ wie auch der Türckische Pottschaffter/ sampt bee- *beym Pan-*
derseits adjungirten Commissarien, vnd selbiger angehö- *cket.*
rigen erschienen/ da man dann ins gesampt stattlich gehalten
vnd tractirt worden: vnter werendem Panckt/ hat der Herr
Orator, neben Herrn Ferdinand Rudolff Leschantzki/ zween *Zween Ge-*
Gefangene erlediget/welche Anno 1602 in einnemung Stul- *fangene*
weissenburg/ zusampt jrem Obristen/ Conte Joan Marco d' *worden er-*
Isolan, (der nachmals inn Türckischer Gefängnuß gestor- *lediget.*
ben) mit andern Befelchsleuten gefangen/ auch diese zeit ü-
ber inn solcher Captiuitet vnnd eysenen Banden enthalten
worden/ der ein hieß Anthoni Seltzeman von Augspurg/ der
ander Lorentz Starck von Stübitz auß Schlesien. Nach
diesen vnd vollbrachtem Panckt/ hat der Bascha ein Och- *Ein Ochsen*
sen mit Hunden zu todt hätzen lassen/ folgends beederseyts *gehetzt.*
freundtlich von einander geschieden.

   Den 7 zu nacht/ als der H. Orator oben auff d' Schiff
Tafel gehalten/ darbey der Türckische Pottschaffter vnd bee- *Stattlich Fe-*
derseyts Commissarien gewesen/ hat der Bascha ansehen- *werwerck*
lich schöne Fewerwerck auff der Thonaw/ wie auch auff der *gehalten.*
Pester seiten zu Land/ halten lassen/ welches biß mitternacht
                                 gewe-

Erster Theil

Anno 1616.
JUNIUS. gewehret vnd alles glücklich vnnd wol abgangen. Es haben sich auch zugleich deß Baschen Trommeter inn seinem Saal/ so über vns war/ hören lassen. denen die vnserigen respondirt.

3. Audientz. Den 9 hat der Herr Orator beym Bascha die dritte vnd letzte Audientz gehabt/ auch zugleich freundlichen Abschied genommen. Nachmals ließ er durch seinen Stallmeister/ dem Herrn Oratori ein schön Arabisch Roß præsentieren, dessen er sich bedanckt/ vnnd jhne Stallmeister bey der Tafel behalten. Dieser Ali Bascha war ein geborner Vnger/ in der Jugend gefangen/ beym Türckischen Hof erzogen/ ansehenlich/ liberal, hochverständig vnnd den Christen sonders gewogen/ seines alters über die funffzig Jahr/ hat deß Türckischen Käysers Schwester zum Weib.

Der Bascha verehrt dem H. Oratorn ein schön Roß.

Wer der Ali Bascha gewesen.

Die gehuldigte Bawren bringen Præsent. Inn vnserm stilligen zu Ofen haben die Vngarn von Waitzen/ wie auch von etlichen Orten die gehuldigte Bawren/ den Herrn Oratorn mit schönem Vngarischen Brod/ Wein/ Hünern vnnd Schafen verehrt/ hergegen jhnen etwas verehrung an Gelt geben worden.

Vnser Lust in Bädern. Auch wir haben in solcher zeit die daselbst gleich an der Thonaw habende drey von weiß=vnnd rotem Marmorstein schönerbawte von Natur warm vnd köstliche Bäder/ so was schwefelich vnnd je eins heisser als das ander/ nach vnserm plesir besucht/ vnd darinn vnsern spaß gehabt.

Beschreibung dieser vnd anderer Türckischen Bäder ins gemein/ vnnd wie selbige Weiber jhren grösten Lust vnd Kurtzweil darinnen haben.

Erstlich im hineingehen ist ein grosser weiter viereckigter Saal/ in der mitte ein Marmolsteiner springender Bronnen/ an den vier seiten vmb vnd vmb ein Maurn bey anderthalb Elen hoch vnd breit/ darauff man sich ab=vnd anzeucht/ auch die

Constantinopolit. Reiß.   17

Anno 1616.
JUNIUS.

auch die Kleyder ligen lest/ auffgeführt/ alsdañ gehet man hinein ins rechte Bad/ so mehr einer Capelln als Bad gleich/ inn dessen mitte ein Marmolsteiner Casten/ eins Manns tieff/ in solchem herumm in vier/fünff Staffeln/ daß also einer so tieff er will hinein gehen vnd schwimmen kan; Ausser desselben vnd zween Schuch darvon stehen schöne marmolsteine Säulen/ darunter das Pflaster bey einer halben Elen herumb erhöhet/ vnd je zwischen zwo Säulen ein lustigs Käṁerlein oder Ruhestatt/ inn welches mitte ein marmolsteines/ was hoch vnnd rundes Tröglein/ darein oberhalb auß der Wand durch zween Hanen/ kalt vnd warm Wasser/ so lang: vnd wie es einem beliebt/ fellt/ oben ist es rund/ vnd das Tach in form einer halben Kugel/ in welches viel grosse Scheuben/ dardurch das Liecht fellt/ eingemaurt/ die andere Bäder/ so man heitzen muß/ sind eben auff solche maniero gebawet/ ausser/ daß an statt deß Castens/ ein was erhöchter Herd/ darauff man schwitzen thut/ Sie werden vnten geheitzt vnd das Fewr das gantze Jahr erhalten/ dann die Türcken täglich baden/ seynd innwendig gemeiniglich von rot vnnd weissem Marmol: auch andern schön verglässten Steinen gebawet/ vnnd oben mit Pley bedeckt/ darinnen der Badleut/ mit reiben/ waschen/ trucknen: vnd all andern sehr wol gewartet würd.

Die Weiber aber haben jhre Bäder absonderlich/ auch darinnen jhren grösten Lust vnd Kurtzweil/ ausser dessen/ vnd wann sie jhrer verstorbener angehörigen Gräber besuchen/ dieselbe ohne erlaubnuß jrer Männer/ nicht außgehen dörffen/ welches doch dermassen verdeckt beschicht/ daß man nichts als die Augen sehen kan/ dann die Türcken eyfern so sehr/ daß sie je vnnd allwegen inn dem hintersten Ort der Häuser/ jhre Weiber vnd Töchter haben/ da sie nicht können gesehen werden/ zu denen auch weder jre Blutsfreund oder Brüder/ wañ der Mann nicht daheim/ gelassen werden. Derowegen vnd

Der Türckische weiber Lust inn Bädern.

Türcken eifern sehr.

C   weiln:

Erster Theil

Anno 1616.
JUNIUS.
Türckische Weiber verfehlen bißweilen deß Bads.

weiln auch jhr Gesetz/ sich offt zu waschen gebeut/ besuchen sie zum wenigsten drey oder vier mal in der Wochen die Bäder/ kommen aber bißweilen vnter solchem schein anderswohin/ da sie angenemere Freud vnnd wollust haben.

Sonsten gehen sie gemeiniglich gesellschafft weiß/ zu acht/ zehen/ vnd zwölff/ beede Griechin vnnd Turckin/ ins Bad/ wie auch alle Kundschafft/ so die Weiber/ in den Landen gegen dem auffgang/ miteinander haben/ allein von jhrem vielem baden kompt. Vnd hab ich offt gehört/ daß wo sie ein gar schön Weib oder Jungfraw (wiewol vnd so viel ich gesehen/ dieselbe ins gesampt passieren können) wissen/ nit nachlassen/

Fürwitz türckischer weiber.

biß sie darinnen zusammen kommen/ vnd einander gnug besehen vnnd begreiffen mögen/ so voll Wollust vnnd Fürwitz steckens.

Derselben Kurtzweil.

Sie pflegen auch vom Morgen biß Mittag im Bad zu bleiben/ einander als gute Gespielin zu flechten/ auch selbsten zu reiben vnnd waschen/ item färben die Händ vnd Füß mit der Türckischen Roßfarb/ Conna bey jhnen genandt/ doch nur die Negel vnd Finger/ welche davon was rotlecht werden vnd langsamb abgehet/ brauchen auch jre Rusma oder Salben/ damit sie die Haar an heimlichen örtern vertreiben/ dann sie an solchen keine leiden.

Beschreibung der Vestung Ofen/ ⁊c.

Ofen/ von Türcken: auch sonsten Buda genandt/ hat den Namen vom Buda deß Attilæ Bruder/ so sie erbawet/ ist vor diesem in Nider Vngarn die Haupt- vnd selbiger König Residentz: auch/ wie noch die Rudera anzeigen/ ein überauß lustige/ mit vielen Fürstlichen Pallatien vnnd von steinwerck erbawten Häusern/ zimblich groß: vnnd schön gezierdte Stadt gewesen/ anjetzo aber ligen solche Gebew mehrtheils

Constantinopolit. Reiß.   19   Anno 1616.
JUNIUS.

theils über ein Hauffen/ dann die Türcken sich derer wenig achten/ sie ist noch vnnd zwar von Natur sehr vest/ vnnd bey nahe so groß als Wien/ ligt im hinunterfahren zur rechten Hand an der Thonaw/ auff einem hohen was lenglichten Berg/ welche auch demselben nach erbawet/ hat allenthalben herumb ein sehr fruchtbaren Boden/ vnd schönen; sonderlich auff der Thonaw/ lustigen Prospect.

Am Berg/ der Thonaw zu/ ligt das Wasserstädtlein/ allerdings verwüst/ gegen dem Nidergang mit einer zimblich starcken: an die Vestung erbawten Mauren verwahrt/ welche biß an die Thonaw stöst/ daran zu ende in vnserm hinein reisen ein starck Rundel erbawt worden/ zu eusserst der Vestung/ gegen Auffgang/ ligt das Königliche Schloß was niderer/ vnd vnter demselben ein Musquetenschuß das Plockhauß/ auff einem absonderlich was höhern felsigtem Berg/ gleich über der Thonaw aber vñ hart daran/ Pest/ in einer lustigen ebene/ so zimblich groß/ aber fast halber ödt/ zu Land mit einer starcken Mauren/ vnd an dem Wasser eim Palancken Zaun vmbfangen/ dabey ein Schiffbrucken von 60 Schiffen vnnd 680 Schritten über die Thonaw gehet/ dahinauff vnter dem Königstall/ ist ein eyserne Ketten von sehr grossen Glaichen gelegen/ damit man den Paß auff der Thonaw vnter dem Wasser gesperrt/ dieser Ketten halben theil haben die vnserigen Anno 1602. in einnemung Pest hinweg genommen/ der ander ist noch vnter gedachtem Königstall zu finden. Ausser der Bäder/ ist sonsten von Gebäwen/ weiln es nahe an der Grentzen/ nichts sonders zu sehen.

Pest.

Schiffbrucken.

Grosse eyserne Ketten über die Thonaw.

Diese Vestung ist Anno 1542. von Isabella Königin in Vngarn/ rc. dem Türckischen Käyser Sultan Soliman, dem Andern diß Namens vnd zwölfften Osmañischen Geschlechts/ übergeben worden/ darinnen wohnen Vngarn/

C ij   Tür-

Erster Theil

Anno 1616.
JUNIUS. Türcken vnd Juden/ welche allerley Gewerb vnd Kauffmanschafft treiben/ ꝛc.

Auffbruch zu Ofen. Den 10 seynd wir von Ofen ins gesampt wider auffbrochen/ vnd Gott lob glücklich/ ohne sondern anstoß/ durch die von zweyen Jochen abgetragene Pester Schiffbrucken/ da es sonsten was gefährlich/ passirt/ lendeten abents vmb fünff vhr zur rechten Hand/ nicht weit von einem Dorff/ S. Nico-
S. Nicolaus. laus genandt/ an/ daselbst hat die zu Ofen wegen der Victu-
Anfang der Ordinantz. alien verglichene/ anderstwo specificirte Ordinantz angefangen.

Cubien. Den 11 frü vmb vier vhr seynd wir vom Land gestossen/ vnd abents vmb drey vhr bey einem Dorff Cubien genandt/ zur rechten Hand ankommen.

Bochschad. Den 12 frü seynd wir mit dem Tag fortgefahren/ vnnd nachmittag vmb zwey vhr Bochschad/ ein zimblich Dorff vnnd Palancka/ zur rechten Hand an der Thonaw ligent/ erlangt.

Tolna.
Ein Ochsen gehetzt. Den 13 frü vmb vier vhr seynd wir ferrner abgestossen/ lendeten noch vormittag vmb 10 vhr bey einem lustig an der Thonaw/ zur rechten Hand gelegenem grossen Dorff vnnd Palancka/ Tolna genandt/ an/ Allda hat man ein Ochsen mit Englischen Hunden gehetzt/ welcher jhnen entrissen inn der Thonaw ersoffen vnd ligent blieben/ wie dann alle tag einer an der Ordinantz geben/ vnnd gemeinglich zuvor gehetzt worden.

Baja. Den 14 sind wir mit anbrechendem Tag fortgefahren/ vnd auff den Abend ein schlecht Dorff vnd Palancka/ Baja genandt/ zur lincken Hand ligend/ erreicht.

Felix Marta. Den 15 frü vmb 5 vhr seynd wir abermal auffbrochen/ vnnd abents vmb vier vhrn oberhalb Fœlix Marta, einem Dorff zur lincken Hand verblieben.

Etwan

Constantinopolit. Reiß.

Anno 1616.
JUNIUS.

Etwan ein Stundt vor vnser ankunfft/ist Herrn Ferdinandt Rudolffs Leschantzki/ꝛc. Diener einer/namens Bartel Huebner/von Erfurt bürtig/vornemer Leut Kind/vnnd vngefehr bey achtzehen Jahren/inn dem er auff dem hintern theil vnnd einer seiten deß Schiffs sitzend entschlaffen/in die Thonaw gefallen vnd ertruncken/vnnd obwol wolgedachter sein Herr zween Zscheucken/jhne zusuchen hinauff geschickt/hat man doch nichts finden können/gleich vnter obgemelten Dorff/zur rechten Hand/kompt das Wasser Tra, auß Bosnia rinnent/inn die Thonaw/vnnd verleurt allda jhren Namen.   Hierumb heben sich schöne Gestatten an/vnnd der best Wein vnnd Traidtboden/weret biß gen Griechischen Weissenburg.

Einer ertruncken.

Tra kompt in die Thonaw.

Den 16 frü vor fünff vhr seynd wir wider vom Land gestossen/vnd abends/vmb vier vhr vnter Wulckavvar, einem Schloß vnd Marck/zur rechten hand/sonderlich das Schloß auff einer höhe ligend/angelendet/allda hat es noch ein lange hültzene Brucken/die Sultan Suliman Anno 1566. als er für Sigeth gezogen/damit er daselbst desto leichter vber den/wegen der Thonaw außlauff habenden Morast/mit seinem Kriegsheer vnnd Geschütz/kommen mögen/bawen lassen/dabey kompt auch ein Wasser Wulcka genandt/davon das Castel vnd Dorff den Namen/in die Thonaw.

VVulckavvar.

Ein lange Brucken.

VVulcka kompt in die Thonaw.

Dieses Castel vnd Dorff/hat damals mitgereister Türckische Pottschaffter/als ein Tiniar ein Pension, so sein Assignation auff ligenden Gütern/zugeniessen gehabt/allda er auch sein Weib antroffen vnd theils Sachen hinterlassen.

Den 17 nachmittag vmb zwölff vhr seynd wir wider fortgefahren/vnnd vmb fünff vhr vnter Jlock/einem schönen Städtlein vnd Schloß zu Land gedaucht/dieses Städtlein vnnd Schloß ligt auff einem lustigen Berg/gleich oberhalb der Thonaw/hat auff dieselbe vnnd sonsten weit herumb ein

Jlock.

C iij   schönes

Erster Theil

Anno 1616. JUNIUS. schönes außsehen/ vnd ist mit einer mauren vmbfangen/ allda hat man drey Beeren gebracht/ welche mit den Englischen Hunden gehetzt worden.

Drey Beeren gehetzt.

Den 18 frü seynd wir mit dem Tag auffbrochen/ vnnd neben Peter Waradin hingefahren/ welches ein Städtlein vnd Schloß/ auff einem gähe auffsteigenden seltzigten Berg/ hart an der Thonaw/ zur rechten Hand/ ligend/ ist mit einer Mauren vmbfangen vnd zimblich vest. Darauß man vns mit starckem schiessen empfangen/ kamen auff den abend vmb 3 vhr bey einem Dorff Carlevvitz genandt/ zur rechten Hand der Thonaw ligend/ an: nicht weit davon hat es ein Raitzisch Closter/ welches der Herr Orator mit deß Türckischen Pottschaffters Comissario besucht/ die Kirch ist schön mit Bildnussen geziert/ vnnd hat sonderlich ein künstlichs Ecce Homo, &c. darinnen/ ıc.

Peter Waradin.

Carlewitz.

Ein Closter besehen.

Als man wider zu den Schiffen geritten/ ist vnter wegs ein Raitz welcher auff einem Schiff das Ruder gezogen vnd mitgeloffen/ erschossen worden/ man hat aber keinen Thäter (weiln er allein etwas voran geloffen: auch spat vnd dunckel war) bekommen oder erfahren können/ ist andern tags frü (nach dem zuvor jhrer Pfaffen einer/ derselben gewohnheit nach vil Ceremonien über jhne gebraucht/ auch ein grosse Kandten Wein zu dessen Haupt gesetzt) begraben worden.

Einer wurd erschossen.

Der erschossene würd begraben.

Diesen Tag hat die Kuchenparthey/ so dem brauch nach/ mit jhrem Schiff vorangefahren/ sechs Frischling in der Thonaw ersehen/ selbige/ vngeacht der Jahrszeit/ allein lusts wegen/ mit vortheil in ein Winckel/ da sie wegen deß hohen Vfers nicht außreissen können/ getrieben/ allda dermassen mit jhren langen Bratspiessen hinter jhnen hergewischt/ daß sie zween darvon bekommen/ die andern seynd zwar außgerissen/ haben aber/ jhrem anzeigen nach/ theils solche fang bekommen/ daß sie nachmals darvon fallen müssen.

Kuchenpartheyen helt schweinbey.

Den

Constantinopolit. Reiß. 23

Anno 1616.
JUNIUS.

Den 19 als wir frü vmb vier vhr wider fort: vnd kaum ein halbe Stundt gefahren/ lieffe das Schiff/ darinnen ich vnd der SilberCämmerling/ sampt der Silbertruhen vnnd all anderm Silbergeschirr/ auch etliche Faß Wein neben andern zwo Personen waren/ auß fahrlässigkeit dessen so das Stewer Ruder regirt/ auff eine in der Thonaw/ sonderlich daselbst herumb vil stehende Schiffmühlen/ risse der lincken seiten Bretter/ sampt desselben Tach gantz hinweg/ vnnd da vnns Gott nicht sonderlich behütet/ auch der Anstoß nur ein halbe spannen niderer beschehen/ hett es die Faß antroffen/ vom Läger gerissen/ zu sampt dem Schiff überschlagen vnd vnns schlaffent erseufft/ kamen nach solcher fortun fort/ liessen Tittel ein Städtlein vnnd Schloß zur lincken Hand ligen/ dabey kompt die Theyßa auß Sibenbürgen in die Thonaw/ vnnd verleurt allda jhren Namen/ lendeten folgents abends spat/ bey etlichen vnter die Erden gebaute vnnd von Raitzen bewohnte Hütten Pilloeck genandt/ nicht weit vnter einem Dorff Zlonckomen, zur rechten Hand an.

Anstoß eines schiffs.

Tittel.

Theyßa kompt in die Thonaw.

Pilloeck.

Den 20 morgents vmb 5 vhr fuhren wir weiter fort/ vnd sind für ein Castel Sehmon genant/ zur rechtē hand ein stund von Griechischen Weissenburg ligend/ fürüber gefahren/ auß welchem sie vns mit loßbrenung etlicher stück Geschützes empfangen/ als wir nun allgemach auff Griechischen Weissenburg vnd an das Ort kolten/ da das schiffreiche Wasser Saw in die Thonaw felt/ so Vngariam von Servia scheidet/ welch Wasser der orts gleichsamb ein sehr grossen weiten See machet/ seynd vnns daselbsten inn die zwaintzig wolaußgerüste Zscheucken/ die sich in ein schön zierliche Ordnung vnnd Gestalt eines halbwachsenden Monscheins außgetheilet/ mit grossem schiessen vnd geschrey/ auch regung jhrer gebreuchlichen Spiel entgegen kommen/ welche darin gewesene Soldaten vnns so wol mit loßbrennung jhrer Stücklein als Handrohren/

Sehmon.

Ankunfft zu Griechisch weissenburg vnd wie wir empfangen worden.

Ungariam verlassen vñ in Serbiam kommen.

X 3

24 Erster Theil

Anno 1616.
JUNIUS.
rohren/ lustig salutirt/ nachmals vmbgaben sie deß H. Orators Schiff/ darauff sich zu obrist vnd bey der Fahnen seine Trommeter vnd Heerpaucker hören liessen/ confojirten also dasselbe fort/ vnter dessen wurde auch auß dem/ an deß Wasserstädtleins Mauren erbawten: vnd an der Thonaw stehenden EckThurn starck: wie auch auß der obgedachten Wasserstädtlein ligender Vestung gewaltig geschossen/ fuhren in dem zur rechten Hand vnterhalb deß Marcks/ bey Land/ allda etlich tausend Menschen/ so vnser Ankunfft zu sehen gewartet/ gestanden/ vnnd waren an der ans Vfer stossenden lustigen Awen/ etlich Gezellt auffgeschlagen.

Nach diesem kame der Habill Effendi Stadthalter daselbst/ sampt andern vornemen Türcken vnd Janitscharen/ zu Roß vnd Fuß/ mit fliegendem Fahnen/ Trommeln vnnd Schalmeyen/ empfiengen den H. Oratorn, erfreweten sich seiner glücklichen Ankunfft/ zogen drauff nach der Soldaten

Endung der Reiß zu Wasser.
beschehenem loßbrennen wider zu Hauß/ endeten also auff diesen Tag vnsere Reiß zu Wasser/ Gott lob glücklich/ nach dem wir einen Monat darauff zugebracht hatten.

Von Ofen biß hieher seynd wir auß dem vorübergefahrnen vnd an der Thonaw gelegenen Palancken/ mit loßbrennung ihrer darinnen gehabten Stücklein empfangen wor-

Was Palanck sey?
den/ solche Palancka seynd theils mit einem einfachen/ theils mit zwey vnd dreyfachen/ von eingeschlagenen Höltzern: folgents vmbflochtenem mit Erden bekleibt: vnd außgefülltem Zaun/ zimblich vest/ mit Pasteyen vnnd Streichwehren gemacht/ mit Türcken besetzt/ die darbey ligende Dörffer aber/ von Vngarn vnd Raitzen bewohnt.

Vnser Führer gebet vñ kurtzweil.
Die Tscheucken Knecht oder Soldaten/ seynd alle tag abends/ wann die Sonn vnter gangen/ am Vfer mit ihren Rohren/ in einer Ordnung gestanden/ vnd allda das Eckbir oder Feldgeschrey/ mit denen Worten/ Alla, Alla, Allahu, (dardurch sie den NamenGottes zum drittenmal widerholen) verricht/

Constantinopolit. Reyß.

Anno 1616.
JUNIUS.

ge richt/ drauff einer nach dem andern/ ordentlich loßgebrennet/ auch daselbsten fast täglich/ allerhand Kurtzweil/ mit ringen vnnd springen/ gleichwol auff Barbarische maniero, mit grossem geschrey/ (vngeacht sie inn dieser sehr heissen zeit schier Tag vnd Nacht schwere arbeit vollbracht) getriben.

Wacht wegen der Heyducken.

Wegen der herumbstreiffenden Heyducken oder Vngarischen Freybeutern haben wir vns wol fürsehen vnd bey nacht gute Wacht halten müssen/ damit sie nicht jrem brauch nach/ wegen einer Beut/ ein Impressa vornemen/ vnd vns vnversehens überfallen möchten.

Vngarn ein Edel Land.

Wie ein Edel/ reich vnnd fruchtbar Land aber diß Nider=Vngarn/ da es noch den Christen gehörig/ gewesen seyn muß/ erscheint noch darauß/ daß allerhand Victualien, vnd andere zu deß Menschlichen Lebens gehörige sachen dermassen gut vnd in einem so wolfeilen Kauff zubekommen/ daß wir vnns zum höchsten darob verwundert.

Die Schiff verlassen.

Den 21 verliessen wir die Schiff vnnd wurden inn den Marck losirt. Diesen Abend starbe deß Herrn Orators Leibschütz vnd Lackeyen einer/ namens Heinrich Ludwig ein Preuß/ an der Vngarischen Kranckheit/ welcher ob er wol wegen der Augspurgischen Confession starck angefochten worden/ hat er doch dieselbe/ vngeacht einer grossen schwachheit/ nicht allein starck defendirt, sondern auch drauff biß ans ende beständig verblieben.

Einer gestorben vnd was deßwegen zugedruckten.

Den 22 wurde jetztgedachter Leibschütz/ weiln jhn die da wohnende Raguseer oder Latini (seynd Kauffleut von Ragusa) der Religion halber auff jhren Kirchhoff nicht begraben lassen wolten (welches doch die Türcken in den jhrigen gestattet) auff einer Gutschen ins Feld vnd einen Raitzischen Kirchhof geführt/ allda er mit schall der Trommeten vnnd Heerpaucken ansehlich auff soldatisch begraben/ von Herrnstands

Der verstorben würd begraben.

D   Adels=

Erster Theil

Anno 1616.
JUNIUS.

Adels: vnnd andern Personen comitirt, darbey auch etlich Christliche begräbnuß Gesäng/ gesungen worden.

Ankunfft etlich Kriegsvolck.

Diese Tag über ist nach vnnd nach viel Kriegsvolck bey Griechischen Weissenburg ankommen/ so jenseit der Saw gelegen/ welche nachmals imm Sibenbürgen gezogen/ vnnd (weiln deß Vngarischen Herrn Humonaij vnd anderer anschlag nicht glücklich fortgangen) Lippa eingenommen/ wiewol der Herr Orator solches zuverhindern sich eusserist bemühet/ vnd dem Ali Bascha neben andern angedeutet/ daß hierdurch der Frieden/ in deme schnurstracks wider die in derselben Capitulation versehene vnd allegirte Clauseln/gehandelt: gebrochen werde.

Post nach Prag.

Den 25 Ist Herr Pertoldt Preuning von Augspurg/ widerumb mit schreiben an Ihr Käys. Mayest. vnnd sonsten zu ruck nacher Prag geschickt worden.

Post nach Constantinopel.

Den 26 schickte der Herr Orator, Herrn Hanns Georg Soldin von Heilbron/ vnnd Herr Cæsar-Gall, Herrn Johann Wagnern von Braunschweig/ ꝛc. per posta voran auff Constantinopel/ ihre ankunfft zuvermelden/ die Quartier zubestellen vnd außzutheilen.

Habill Effendi sein Præsent übergeben.

Den 27 ist dem Habill Effendi durch deß Herrn Orators Hofmeister vnd Officirer sein verordnetes Præsent: zugestelt worden/ welcher hingegen dem Hofmeister ein Cawhiten/ den Officirern aber/ jedem inn vier Elen Scharllach verehrt.

Pancket.

Den 28 hat der Herr Orator mit etlich Cavalierern beim Habill-Effendi, in einem lustigen Garten das Mittagmal eingenommen vnd lustig gewesen.

Verlauf eines abgefallenen Teutschen.

Den 29 ist ein abgefallener Teutscher/ welcher vor etlich Jahren in Vngarn gefangen/ vnd einem Türcken verkaufft: hernacher mit eim Teutschen Weib darinn verheyrat vnnd zum Türcken worden/ mit einem von jhnen erzeugten Mägdlein/

Constantinopolit. Reiß.   27

lein/ bey eylff Jaren/ von Medrowitz gen Griechischen Weis- *Anno 1626.*
senburg zu vns kommen/ vnd selbiges durch deß H. Oratorn *JUNIUS.*
bey sich gehabten München/ tauffen lassen: In dem man
nun solches verrichten wollen/ erfuhrens etliche Türcken/
machten alsbalden einen grossen Aufflauff/ namen gedach-
ten Türcken mit seinem Töchterlein mit gewalt hinweg/
vnnd führtens zum Türckischen Pottschaffter/ als derselbe
gefragt/ ob er ein Türck? vnd solcher geantwort ja/ hat man
jhne alsbalden an das nächste Ort: vnnd also auffgehenckt/
daß er langsam erworgt were/ inmittels als der Herr Orator
für jhne bitten lassen/ ist er nach einer viertelstund herab ge-
than/ vnd wider gen Medrowitz zusampt dem Kind geschickt
worden.

Den 3 Julij wurden die Wägen zum fortreisen gebracht/ *JULIUS.*
vnd alle sachen auffgeladen. *Wäg'zum*
fortreisen.

Beschreibung der Vestung Griechischen Weissenburg/ rc.

Griechischen Weissenburg ist wegen deß weissen Schloß
also/ von Türcken aber Bellegrad genandt/ ein Schlüssel
zum Königreich Vngarn/ ist ein weitleufftiger/ volckreicher/
offener Flecken/ ligt auff einer höhe/ nach der leng/ zwischen
zwey schiffreichen Wassern/ der Saw vnd Thonaw/ vnd im
hinunterfahren zur rechten Hand derselben/ in einem zu allen
erwünschten fruchtbarn Ort vnd Boden/ ist mit denen zwi-
schen den Häusern ligenden lustigen Gärten so groß als deß
heiligen Reichs Stadt Nürnberg/ gegen Nidergang was hö-
her: vnnd vornen am Eck deß Bergs/ ligt das Schloß/ mit
hohen starcken Mauren vnd Thürnen/ auch gegen Auffgang
vnd Mitternacht/ da es nicht gegen Berg/ mit einem Graben
vmbfangen/ an vnd vnter demselben ligt das Wasserstädt-
lein/ mit einer an das Schloß erbawten Mauren beschlossen/

D ij   dabey

Erster Theil.

Anno 1616.
JULIUS. dabey kommen obgedachte beede Wasser/ als die Thonaw zur lincken/ vnd die Saw zur rechten Hand zusammen/ vnd verleurt dieselbe hiemit jhren Namen. Von Gebäwen sind allda etlich schöne Kirchen Caravasan-Sarajen vnnd ein Wesenstein/ꝛc. Sultan Suliman II. diß Namens vnd XII. Oßmannischen/ hat Anno 1521. diese Vestung/ als er die Mauren vnd Wehren allerdings gefellt/ durch übergebung einbekommen/ꝛc. Ist anjetzo von Vngarn/ Raitzen/ Raguseern oder Latinern/ Türcken vn̄ Juden/ die allda Handthierung vnnd grosse Kauffmannschafft führen/ auch vielen Zigeunern (welche fast in allen Türckischen Städten zu finden vnd das Schmidthandwerck treiben) bewohnt.

Sonsten ist diese Vestung/ wie auch Ofen vnnd Gran/ mehr durch die Natur: als mit starcken Pasteyen/ oder Pruß: Streich: vnnd andern Wehren/ bevestigt/ welche alle/ wie ich selbsten gesehen/ mit trefflichē gutem/ mehrtheils Teutschen Geschütz/ überflüssig/ auch versuchten vnverdrossenen Soldaten/ vnd ohnzeiffels/ allerhand erforderten munition, gnugsam versehen.

Landtreiß fehet an.
Den 4 morgends vmb vier vhr seynd wir zu Griechischen Weisenburg ins gesampt/ mit 125 Wägen auffbrochen/ damit vnsere Reiß zu Land angefangen/ vnd nachdem wir auff ein halbe Meil wegs von vielen Türcken zu Roß stattlich begleit worden/ kamen wir vmb den Mittag/ zu einer Palancka

Palancka Haßtarick.
vnnd schlechten Dorff Palancka Haßtarick genandt/ schlugen ausserhalb demselben/ neben der Thonaw auff einer lustigen Awen das Quartier.

Hassan Bascha Palancka.
Gegen angehender Nacht seynd wir wider fortgereist/ vnd den 5 frü vmb 5 vhr zu Hassan Bascha Palancka/ darbey ein Dorff vnd zimbliche Caravan-Saraj, angelangt/ ausser dem sind die Zelt vnd Quartier geschlagen worden.

Nachmals seynd wir in der Nacht vmb zehen vhr auffgebro-

Constantinopolit. Reiß. Anno 1615.
JULIUS.

gebrochen vnnd den 6 vormittag vmb neun vhr ein schlecht
Dorff (Bodetschin genandt) erlangt/ neben demselben ge- *Bodetschin*
legen/ vmb mitternacht von dannen weg: vnd durch ein wüst
vngebaut Land geruckt/ kamen

    Den 7 vormittag vmb neun vhr zu einem groß-vnd lu-
stigen flecken Jagodna/ darinnen zwo schöne Kirchen/ vnnd *Jagodna*
Caravan Sarajen, verblieben ausserhalb demselben auff ei-
ner Heyden.

    Den 8 morgens frü vmb fünff vhr seynd wir in so wü- *Wasser*
stem/ vngebautem Land fort: vnd durch ein Wasser Morava *Morava*
genandt/ gefahren/ vmb den Mittag inn der dabey ligenden
mit Gestreuß vmbfangenen Awen/ vnns nidergelassen/ diß
Wasser scheidet Serviam von Bulgaria, ist sonsten zimlich *Serbiam ver-*
groß/ dann da es nicht ein truckenen Sommer/ wie diß Jahr *lassen vñ in*
gewesen/ gibt/ kan man ohne Schiff nicht überkommen. *Bulgariam*
      kommen.

    Den 9 nach mitternacht seynd wir auffbrochen/ vnnd in
so vorgedachtem Land fortgereist/ kamen vormittag vmb ze-
hen vhr bey einer schlechten Palancka Alexina genandt/ *Palancka*
an/ lagen neben derselben. *Alexina*

    Ein Stund vor vnserer ankunfft ist deß zugeordneten *Einer stirbt*
Käyserl. Secretarii Diener gestorben/ welchen er nachmit- *vnd wird be-*
tag daselbst/ mit schall der Trommeten vnnd Heerpaucken *graben.*
ehrlich begraben lassen.

    Nachts vmb zehen vhr wider weg: vnnd sind durch ein *Ankunfft zu*
was bessers Land zogen/ kamen den 10 vmb den mittag durch *Nissa vnnd*
Nissa/ lagen über dem/ nächst dabey hinfliessenden Wasser/ *wie wir em-*
Nissa genandt/ im Feld: Vor so beschehener Ankunfft/ haben *pfangen wor-*
vns etlich zu Roß vnnd Fuß/ entgegen zogene Türcken em- *den.*
pfangen vnd einbegleidet.

Beschreibung deß Marcks Nissæ. &c.

    Nissa, von Türcken Nisch; vnd obgedachtem Wasser
also genandt/ ist vor zeiten wie noch die zerstörte Mauren an-
                D iij   zeigung

Erster Theil

Anno 1616.
JULIUS.

zeigung geben/ ein feine Stadt: vnnd mit einem darinn gestandenem vesten Schloß verwahrt gewesen/ jetzt ein offener Flecken/ so groß als deß H. Reichs Stadt Dinckelspül/ ligt in einem lustig vnd fruchtbaren Thal/ hat allda etliche Melchiten, ein Imaret, Caravan-Saraj vnnd Bäder/ aber kein sondere Kauffmannschafft/ꝛc. Ist Anno 1383 vom Sultan Murat dem I. diß Namens vnd dritten Oßmannischen Geschlechts/ mit stürmender Hand erobert worden/ vnnd jetz von Bulgarn vnd Türcken bewohnt.

Den 11 abends vmb eylff vhr auffbrochen/ vnd über ein groß Gebürg gereist/ nachmals

Kuritcesme.
Den 12 vmb neun vhr vor mittag zu Kuritcesme, einer zimblichen Palancka vnd Dorff ankommen/ ausser demselben auff einer Awen quartirt.

Scharckol.
Den 13 vmb nachmitternacht in dem gebürg fortgereist/ erlangten nachmal ein zimblich gebautes Thal/ vnd vmb sieben vhr vor mittag einen Marck Scharckol genandt/ lagen in einem lustigen Garten/ darinnen ein grosses Sommerhauß war. Inn diesem Marck hat es noch ein alt starck erbawet vnd bewohntes Schloß.

Dragoman.
Den 14 nachts vmb zehen vhr in solchem Thal fort: widerumb über ein Gebürg: vnd vmb neun vhr vor mittag zu einem schlechten Dörfflein Dragoman kommen/ sind ausser demselben im Feld verblieben.

Drey Tag kein Wein gehabt/ vnd wz deßwegen zugedücken.
Diese drey Tag über haben wir kein Wein bekommen/ dann obwol inn solchen schlechten Dörfflein etwas gewesen/ ist doch derselbe gemeinglich der Orts brauch nach inn Geißheuten/ theils neben dem Fewer stehent/ sawer vnd so befunden worden/ daß einer lieber ein Schneewasser darfür gedruncken/ wie es dann ins gemein von Griechischen Weissenburg biß gen Constantinopel/ wenig guter Wein/ vnd lauter schiller gibt/ vnd ist zwar die schult nicht der Trauben/ sondern der

Ein-

Constantinopolit. Reiß. 51

Anno 1616.
JULIUS.

Einwohner/ welche vnsauber damit vmbgehen/ auch nur vnterm freyen Himmel das gantze Jahr/ mit wenig Laub bedeckt/ ligen lassen/ oder wann es wol geräht/ in die Häuser/da Stuben/ Cammer vnd Kuchen alles ein Zimmer/ thon.

Den 15 vmb mitternacht von dannen: vnnd auff Sophia geruckt/ als wir nun über ein grosse Heyden: sind vnns darauff viel Türcken zu Roß vnnd Fuß entgegen kommen/ welche vns biß vor die Stadt (da in einer lustigen ebene etlich Gezelt vnd Lauberhütten auffgeschlagen waren) begleidet/ die alsdann vnd nach gethanem loßbrennen/ wider nach Hauß gezogen/ beschahe also vnsere Anfunfft vmb den Mittag/ vnd wurde von einem grossen zusammen geloffenem Volck besehen

Ankunfft zu Sophia, vnd wie wir entpfangen worden.

Von Griechischen Weissenburg bißhero seynd viel/ wegen deß vngesunden Luffts/ eingenommenen grossen Staubs/ vnd Hitz/ dann dahero beschehenen vilen mit Eyß vnd Schnee gemischten Trinckens/ erkranckt/ derowegen der H. Orator für dißmaln nicht im Feld/ (weiln bequemere Ort vnnd gute Quartier vorhanden) verbleiben wollen/ auch deß: vnd wegen hievor nicht richtig vnd allzeit langsam beschehener lieferung der Ordinantz/ dem Türckischen Pottschaffter starck zu reden lassen/ mit diesem fernern andeuten/ da ers hinfüro also continuiren: der Herr Orator weiters nicht fortrucken: sondern bey eigenem Curirer sich derohalben bey der Porten beklagen wolle/ welches etwas verfangen/ dann bey den Türcken nur ein ernst seyn wil/ vnnd da man jhnen das geringste nachgibt/ nemen sie es bald für bekandt an/ wollen allzeit die besten Losamenter/ sonderlich für die Roß einnemen/ vnd an der Ordinantz abzwacken oder schuldig verbleiben/ auch jhrem brauch nach solches Schinde oder Saba, jetzt/ morgen/ biß nichts darauß würd/ erstatten/ welches sich nachmals in jhren Seckel stossen.

Viel Krancke bißher vns.

Herr Orator ist mal content.

Den

Erster Theil

Anno 1616.
JULIUS.

Der Herr Orator hat drauff alsbalden ein Losament in dem Marck einnemen lassen/ vnd sich noch vor nacht mit wenigen darein begeben.

Den 16 wurden wir sampt1ich hinein quartirt/ allda wir auch den 17. 18. wegen der Krancken vnd sonsten still gelegen vnd außgeruhet. Dieses Orten gab es Weins gnug/ dann allein auff dem Marck/ da er auch sonsten das gantze Jahr über/ vnterm freyen Himmel ligt/ in die 50 Fuder lagen/ davon täglichs außgeschenckt wurd/ weiln er aber was sawers vnnd den vnsern nicht schmecken wolt/ hat vnser hierzu verordneter Zschausch/ letzlich eines Juden Keller außkundschafft/ wie er nun den Keller gefunden/ vnnd sich dessen niemand annemen oder auffsperren wollen/ hat er solchen selbst geöffnet/ vnd darinn in die zehen Fuder Malvasier gefunden/ da hat nun der Jud ihme leichtlich die Rechnung gemacht/ wie es zugehen würd/ bevorab weiln vnser etlich mitgangen/ auch theils Fässer angestochen waren/ derohalben er sich herzugemacht/ vnd solchen Malvasier zimblich/ doch nicht ohne erinnerung versuchen lassen/ davon doch an statt deß Weins nicht viel genommen worden / dann damals ein gewaltige Hitz/ auch vnter deß H. Oratoris Leuten in die viertzig kranck gewesen/ welcher von denselben/ wie auch den gesunden/ besorglich vnmässig getruncken worden: vnnd ihnen nicht wol bekommen were.

Allhie wil ich zugleich melden/ daß in vnserm hineinreisen/ die Christen wegen hergebung deß Viehes/ Hünner/ ꝛc. vnd sonderlich deß Weins (als der bey den Türcken oder Juden nicht zu finden) hart geplagt worden/ dann ob sie wol den Wein an viel orten wol verwahrt: vnd in verborgenen oder andern vermaurten Gewölbern gehabt/ hat doch gemelter Zausch solchen artlich zusuchen vnnd zufinden wissen/ vnnd was man in der güte nicht hergeben wollen/ mit gewalt/ weggenom-

Constantinopolit. Reyß.　　33

Anno 1616. JULIUS.

genommen/ darfür jhnen nachmals der Türckisch Pottschaffter/ bißweiln was jhm beliebt zahlen/ vnd für schreyen vnnd heulen: auch wol gar mit schlagen tractiren lassen/ da er doch auff alle zu Ofen verglichene Ordinantz/ richtige bezahlung vnnd anweisung empfangen/ gleichwoln hat er/ als wir der Porten oder auff Constantinopel genahet/ wz bessers gehandelt/ dann er sich besorgen müssen/ daß daselbst deßhalben Klag vorkommen/ vnd er nicht bestehen möchte.

Beschreibung deß grossen Marcks Sophiæ, &c.

Sophia, von Türcken auch: vnnd wegen eines daselbst gehabten Tempels (welcher von jhnen inn ein Meschitt verendert) also genandt/ ist vor zeiten die Hauptstadt in Bulgaria gewesen/ anjetzo aber ein offener lustiger vnd volckreicher Marck/ so der größ halben mit deß H. Reichs Stadt Worms zuvergleichen/ in einer fruchtbaren gegne vnnd lustigen ebne ligend/ hat allda schöne Kirchen/ Imaret, Caravan-Sarajen, ein Wesenstein vnnd warm Bad/ ꝛc. Ist von Sultan Murat I. diß Namens vnd dritten Oßmanischen Geschlechts Anno 1362 eingenommen worden/ vnnd anjetzo von Bulgarn/ Raguseern/ Griechen/ Türcken vnd vielen Juden/ so mehrertheils grosse Gewerb vnd Kauffmannschafft treiben/ bewohnt.

Den 19 morgens vmb drey vhr wider auffbrochen/ kamen vmb sieben vhr vor mittag gen Hatzikaraman, ein schlechtes Dörfflein/ losirten in einem lustigen Garten/ nicht weit darvon war ein hoher Berg/ darauff vmb diese zeit noch viel Schnee lag/ zu deme zween deß Herrn Orators Diener/ vermeinent daß er gar nahe/ gangen/ sie kamen aber spat/ mit der Nacht vnd schwerer mühe/ wider zu vns/ nach dem man

Hatzikaraman.

Zuen welken Schnee boten.

Anno 1616.
Julius. zuvor etliche Türcken mit einem Trommeter/ sie zu suchen auß-geschickt.

Ichtiman. Den 20 nachmitternacht vmb ein vhr weiter fortgereist/ vnd vmb zehen vhr vormittag einen lustigen Flecken/ Ichtiman genandt/ erreicht/ darinn ein feine Caravan-Saraj, lagen ausser derselben im Feld.

Berg Hæmus.
Berg Rhodope.
Vrsprung deß Fluß Hebri.
Derbet-capi

Den 21 vmb mitternacht fort: vnd über ein hoch felsichtes Gepürg: auch zugleich über montem hæmum: Item über den Berg Rhodopen anjetzo Rulla genandt (darauff der altbekandte Fluß Hebrus entspringt) vnnd einer darinn gelegenen langen Clausel bey acht stund gereist/ darob zu ende/ vor zeiten/ wie noch die Rudera anzeigen/ ein vestes Schloß zur defension der Feind erbawet gewesen/ welches die Türcken Derbent: das ist/ deß engen Paß vnd auch Temir-capi, eysene Thor nennen/ darumter wir nachmals ein Dorff Geldiderbent genandt/ erreicht/ bey dem vnd einem darvor an der Strassen gelegenen/ schönen/ marmolsteinen/ an der Wand auffgeführten vnnd durch ein Hanen lauffenden Bronnen (daran sich viel guter Leut/ so zu vnterschiedlichen malen gen Constantinopel gereist/ geschrieben) wir Bulgariam oder Mysiam Superiorem: auch neben vnns zur lincken: Mysiam Inferiorem, wie zur rechten Hand Macedoniam, (darinn wir gleichwol etwas gereist) ligen lassen/ vnnd seynd in Traciam: in ein lustiges Thal/ darinnen viel Reiß erbawet würd: dann nachmittag vmb zwey vhr zu eim Dorff Harasambeg kommen/ neben solchem im Feld vnns nidergelassen.

Bulgariam verlassen vñ in Macedoniam vnnd Traciam kommen.

Harasambeg

Ankunfft zu Philippopoli vnd wie wir empfangen worden.

Den 23 vmb Mitternacht reisten wir von dannen auff Philippopoli, als wir nun nicht weit davon waren/ hat vns ein ansehentliche Cavalleria empfangen vnd einbegleitet/ kamen vmb acht vhr vormitag dahin/ wurde von vilem Volck vnser Ankunfft besehen/ vnd wir in ein Türckisch Hauß losirt/ darbey

Constantinopolit. Reiß.

dabey zunechst der Fluß Hebrus, anjetzo Mariza genannt/ *Anno 1616. JULIUS.*
(von welchem obgedachtes Thal/darinnen das Reiß erbawet/
gewässert vnd befeuchtet wird) fürüber fleust.

Den 24 sind wir alda verblieben.

Beschreibung deß grossen Fleckens
Philippopoli.

Philippopoli, von Türcken Philippe vnd zuvor Philippis genandt/ ist erstlich von Philippo der Macedonier König deß Alexandri Magni Vatter erbawet: nachmals vom Röm. Käyser Philippo, als er diese Länder wider eingenommen/reparirt, auch nach jhnen also genennt worden/ vnnd (wie noch die zerstörte Mauren/ auch etlich darinn gelegene felsßigte Berg/ vnd darauff gestandene Schlösser/ dann alte theils noch etwas stehende Heydnische Kirchen vnd Capellen anzeigen) ein ansehliche/ schöne veste/ inn einem fruchtbaren vnd grossem: mit lustigen Hügeln vmbschloßnen thal/ wolgelegene Stadt gewesen/ anjetzo aber ohne Maurn zimblich: vnd so groß/ als deß H. Reichs Stadt Nördlingen/ hat etliche schöne Kirchen/ Imaret, Caravan-Saraj, Bäder/ vnnd ein Wesenstein/ ist Anno 1362 von Sultan Murach dem I. diß Namens vnd dritten Oßmannischen Geschlechts eingenommen worden/ vnnd anjetzo von Bulgarn/ Rugaseern/ Griechen/ Türcken vnd Juden/ so allda mehrertheils: aber nicht sonders grosse Kauffmannschafft treiben/ bewohnt.

Den 25 seynd wir vmb zwey vhr gegen tag wider auffbrochen/ vnnd auff einer ebenen Heyden fortgereist/ biß wir vmb siben vhrn vormittag Papascki ein schlecht Dörfflein *Papascki.* (darinnen damals die Pest regiert) erreicht/ ausser deme/ neben einem Wässerlein wir gelegen.

Den 26 vmb mitternacht wider fort: vnnd auff dergleichen.

Erster Theil

Anno 1616.
JULIUS.
Kajali.

chen schlecht Dörfflein Kajali gereist/ daselbst vmb den Mittag ankommen/ vnnd ausserhalb/ auff einer schönen Heyden vns nidergelassen/ abends vmb acht vhr weggezogen/ vnd

Haramanli.

Den 27 vormittag vmb sechs vhr bey einem Dorff Haramanli angelangt/ allda ein schöne Caravan-Sarai vnnd Kirchen/ lagen dißseyts neben einem darbey hinfliessenden Wasser/ darüber Sinan Bascha ein schön steinere hohe Brucken/ von einem einigen Schwibogen/ zusampt erstgedachter Kirchen vnd Caravan-Sarai bawen lassen.

Schöne Brucken.

Den 28 vmb mitternacht/ fort: vnd vmb sechs vhrn vormittag über ein recht künst-vnd zierlich starck erbawte steinere Brucken bey 450 Schritt lang (darunter auch das Wasser Hebrus oder Mariza fleust) zogen/ losirten in dem daran ligenden Dorff/ Mustaphæ Bascha Zcupri, welches neben gedachter Brucken/ von jhme Bascha/ der es zu sampt einer darinligenden lustigen Kirchen/ Caravan-Saraj, vnd Imaret erbawen lassen vnd gestifft/ den Namen hat.

Mustapha Bascha Zcupri.

Den 29 vmb mitternacht auffbrochen vnd Hadrianopel zuzogen/ ein viertelmeil davon/ hat vns ein stattlich entgegen gezogene Reutterey/ empfangen/ kamen nachmals über ein alte/ lange/ steinere/ theils verfallene Brucken (darunter gleichfalls der Fluß Hebrus: vnd nachmals in das Aegeisch Meer rinnt) vnnd vmb den Mittag in vnser Quartier/ welches ein schön vnd stattlich vom Nassuff Bascha erbawtes Pallatium war.

Ankunfft zu Hadrianopel vnd wie wir empfangen worden.

Auff erstgedachter Brucken/ wie auch sonsten allenthalben in den durchzogenen Gassen/ stunden etlich tausend Personen/ so vnsern Einzug besehen/ auch zu beeden seiten biß in vnser Ersament/ Janitscharen vnnd andere Türcken in jhren Wehren/ welche vnter werendem einzug starck geschossen.

Den 30. 31. Julij/ Item

Constantinopolit. Reiß.

Den · Augusti sind wir allda verblieben/ außgeruhet vñ die Stadt besichtigt.

*Anno 1616.
AUGU-
STUS.*

Nebenzu/ will ich hiemit Sultan Selims, deß II. diß Namens vnd dreitzehenden Oßmannischen Geschlechts erbawten Zuma oder Tempel/ vnd zugleich dardurch die Meschiten oder gemeine Kirchen: auch nachmals die Caravan-Sarajen (weiln solcher hierinn offt gedacht wird) vmb nachrichtung willen: mit erzehlung der Türcken vornembsten Gebew/ kürtzlich beschreiben.

Beschreibung der Zuma.

Das gantze Werck ist Quadrat/ vnd mit einer Mauren vmbfangen/ welche inwendig mit vielen darunter stehenden Marmolsteinern Seulen/ ein schönen vmbgang machet/ der Hof ist sehr groß/ vnd mit weissem Marmolstein überlegt/ in dessen mitte ein von dergleichen steinen springender mit Pley bedeckt/ vnd vergulten Gittern verwahrter Bronn stehet/ welcher vnten vmb vñ vmb Hänlein/ dabey sich die Türcken/ wañ sie zum: oder vom Gebet gehen/ ihrem brauch nach/ waschen/ an der eine seiten ist ein schöne Medressa oder Collegium, für die Doctorn vnd Studenten deß Imaniæ oder Mahumetischen Gesetzs (die auch allda ihre vnterhaltung) an der andern seiten aber/ ein Imaret vnd Münchszellen/ doch beedes ausserhalb erbawet/ darzwischen am hintersten theil ligt die Zuma oder der Tempel/ vor dessen Thor vnd so breit dieselbe seiten/ ein gewölbt: daran erbawter: vnd vornen her/ auff acht hohen Marmolsteinen dicken Seulen stehender Gang/ darunter vier sehr kunstreich vnnd wol zusehen/ weiln sie von gantzen stücken vnnd schön außpolirt/ auch zu sampt dem Gang mit schönen Farben besprengt/ so theils die Art der Stein selbst mit sich bringt/ theils aber von Menschen Hand verrichtet/ das Thor deß Tempels ist von Cypressenholtz zier-

E iij   lich

Anno 1616.
AVGV-
STUS.

Erster Theil

lich geschnitten/ Schloß/Nägel vnd Bänder daran verguldt/ inwendig der Boden mit Marmolstein/ vnd schönen Teppigen belegt/ gleich im Eingang an den Wenden stehen zween vnnd in der Mitte/ ein schönes Brünnlein/ welche durch Hanen/ wann sie auffgethan werden/ inn die darunter stehende lustig außgehawene Cästlein/ Wasser geben/ hat keine Stül oder Bänck darinnen/ dann die Türcken jhr Gebet knyend verrichten/ gleich gegen dem Thor über seynd etlich Marmolsteine Staffeln: für sich: biß an die Wand: zwischen einem Gang auffgeführt/ vnd mit Scharlach bedeckt/ auff welchen als einer Cantzel/ der obrist Pfaff diß Orts/ inn jhrem Feyertag jhr Gesetz proponirt/ vnten darbey zur lincken Hand/ stecken auff zween groß silbern Leuchtern/ zwo lange dicke/ weisse Wachskertzen/ gegen denen die Türcken im Gebet jhr Gesicht/ als gegen Auffgang wenden/ auff zwo seiten seynd lustige Porkirchen/ welche wegen der grossen daran stehenden Marmolsteinen Seulen/ vnnd nachbeschriebenen eussern Thürnen/ abgesonderte Ständ machen/ deren eine für den Türckischen Käyser: die ander aber für die Vezier/ Bascha vnnd andere vorneme Türcken deputirt, an den Wänden seynd etlich Schrifften mit Arabischen vergulten Buchstaben gemacht/ oben ist der Tempel gewölbt/ in form einer halben Kugel/ vnter diesem Gewölb hanget ein grosser eyserner vergulter Ring/ voller Spiegel/ Lampen vnd anderer schönen Gläser/ außwendig hat es vier sehr hohe/ runde vnd also an jedem: sonderlich an einem Eck/ ein von rot vnnd weisem Marmolstein Schlangenweiß außgehawenen Thurn/ derer jeder inwendig 290 steinere Schancken/ vnnd ausserhalb obeinander drey Crantz oder Absätz/ welche sie in jhrer Fasten/ wie anderswo gedacht/ mit Lampeln behengen/ darauff auch der Türcken Talismanlar oder Pfaffen einer/ täglichs zu gewissen stunden deß Tags fünffmal herumb spatzieren/ vnd
mit

Constantinopolit. Reiß.   39 *Anno 1616.*
AVGV-
STVS.

mit heller vnd scharpffer Stimm (welche sehr anmutig auch sich so weit erstreckt vnnd gehört würd/ daß die jenigen/ so der Ort nicht kennen/ es kaum glauben können) die Zeit deß Tags vermelden/ zugleich die Türcken damit zum Gebet/ inn die Kirchen beruffen/ dann sie kein Glocken leyden oder offentliche Schlaguhren brauchen/ behelffen sich mit dem Clepsydris oder Stundgläsern mit Wasser zugericht/ doch seynd jhnen die kleine Vhrwerck/ so von den vnsern hineingebracht werden/ sehr angenem/ werden auch gegen vornemen Herrn/ in hohem werth verkaufft.

Türcken leiden kein Glocken oder offentliche Schlaguhren.

Auff obrezehlte art seynd die Zumada oder HauptKirchen/ vnd nach denselben die Meschiten oder der Türcken gemeine Kirchen: allein daß sie nicht so stattlich/ auch die Vorhöf nicht so groß: oder allzeit belegt vnd mit vmbgängen: In gleichem in den Kirchen keine Vorkirchen oder Pronnen: vnd gemeinglich aussen nur ein Kräntz vmb die Thürn gebawet/ welche oben zugespitzt vnd alle mit Pley bedeckt seynd.

Beschreibung der Caravan-Sarajen vnd der Türcken vornembsten Gebäw.

Caravan-Sarajen, oder wie es die vnserigen heissen/ Caravasarajen seynd grosse Häuser für die Caravanen, welches hauffen der Leut sampt allerley Saumviehe/ als Cameel/ Maulesel/ Roß/ *rc.* so sich wegen der gefährlichen strassen zusammen schlagen/ etwas lenger dann breiter gebawet/ mitten ist ein grosser Platz/ da man alle sachen abladen vnnd hinlegen kan/ vmb diesen Platz gehet inwendig deß Gebäwes/ ein Maur/ bey drey Schuch hoch vnd vier breit/ an den vier Wenden auffgeführt/ vnten sind eysene Ring eingemauret/ daran man die Pferd bindet/ denen anstatt deß Bahrens ein Secklein über den Kopff gezogen vnnd darein das Futter gethan würd/ oben darauff ligen die Leut/ breiten an statt deß

Beths

AVGV-
STVS.

Beths ein Deppich oder was einer hat/ vnter/ decken sich mit den Manteen/ vnd brauchen den Sattel an statt eines Kopffküssens/ schlaffen also drauff lieblich daher/ vnnd dörffen keines sannfften geligers oder anders/ darvon jhnen der Schlaf komme/ ausser deß natürlichen rauschens vom Viehe/ wann es in sein Futter beist.

Darumb seynd auch Camin erbawet/ bey welchen sie Fewer halten vnd Kochen können/ ausserhalb seynd gemeinglich grosse Höf/ in der mitte ein Bronn/ alles mit einer nicht sehr hohen Mauren vmbfangen/ so inwendig gleichsam ein gang macht/ darunter bißweilen Gewölblein/ inn denen die vornembsten losiren.

Wer nun besser ligen vnd gut essen wil/ der mags mitführen oder kauffen vnd selbst kochen/ dann er die gantze Türckey auß kein ander Wirtshauß findet/ vnnd seynd die Türcken schon zu frieden/ wann nur die Roß versorgt: In disen Caravan-Sarajen darff wer da wil/ einkehren vnd niemand nichts deßwegen erstatten/ dabey sind auch Läden/ inn welchen man Gersten vnd Hew verkaufft/ aber kein Stro ist zu finden/ dieweiln inn denen Orten/ wann die Frücht abgeschnitten: dieselbe vnter den freyen Himmel zusammen geführt; nachmals daselbst auff ein Platz gestrewet: vnnd durch die Ochsen oder Püffel (welche in solchen Landen sehr schön vnnd starck: wie die Roß beschlagen: deren Eysen nit so schwer oder mit Stollen: wie die vnserigen: hingegen aber die Köpff an Nägeln was spitziger: doch förmlich gemacht seynd) außgetretten würd/ die gemeinglich auch ein nicht langes Bret/ so vnten voll spitziger Steinlein geschlagen/ nachziehen/ darauff der jenig so die Ochsen regirt/ zu was beschwerung stehet/ davon das Stro klein zerschnitten würd/ vnd die Körnlein/ ohn sondere mühe auß den Ehren fallen/ solcher brauch ist allzeit bey den Orientalischen Völckern gewesen/ wie auch deßwegen

Gottes

Constantinopolit. Reiß.   41

GOttes Verbot in der H. Schrifft zu finden/ nemblich du *Anno 1616.*
solst dem treschenden oder trettenden Ochsen das Maul nicht *AUGU-*
verbinden: legen also die Roß im rdisen auff blosser Erden/ zu *STUS.*
Hauß aber würd jhr Koth auffgehoben/ inn der Sonnen ge=
dörrt/ nachmals durch ein Sib gereden/ vnnd jhnen vnterge=
strewet/ deren eins vnd das ander sie/ wie jhre Herren/ als von
jugend auff/ Soldatisch erzogen gewohnt.

Vnd wiewol die Türcken sich sonsten keiner sonderlichen
Gebäw achten/ so pflegen doch selbige grosse Herren siebener=
ley sachen mit grössten vnkosten dem gemeinen Nutz zu gu=
tem zuerbawen/ als die Meschit oder Kirchen/ die Imaret
oder Spital/ die Caravan-Sarajen oder Herbrighäuser/
die Badstuben/ zu welchen vier Stücken sie auch die schönste
Bronen setzen/ vnd alle diese Gebäw mit Pley bedecken/ item
Brucken über allerley Wasser/ vnnd Pflasterung der gemei=
nen Landstrassen/ welches alles ansehenlich/ schaw=vnd lob=
würdige Gebäw vnd Stifftung seynd.

Beschreibung der Stadt Hadri-anopel.

Hadrianopel/ vom Käyser Hadriano erbawet/ vnnd
nach jhm also; von Türcken aber Eudrene genandt/ ist/ wie
an der verbliebenen Stadtmauren (an welcher oben vmb vnd
vmb ein Zeil Griechischer Buchstaben von backen Steinen
eingemaurt) auch an eingefallenen grossen Gebäwen zu se=
hen/ ein schöne vñ an einem fruchtbaren lustigen Ort wolgele=
gene vnd erbawte Stadt gewesen/ anietzo aber von den Tür=
cken/ wie alle dergleichen Oerter/ jhrem brauch nach inn ab=
gang kommen: dann sie sich derer wenig achten vnnd mehr
auff das Gelt halten/ ist ausser der Stadt grösser als darin=
nen/ in allem so groß als Prag/ vnnd handels halber sehr wol
gelegen/ hat grosse Kauffmannschafften allda/ von allerley

F   Wahren/

Erster Theil

Anno 1616,
AUGU-
STUS.

Wahren/ auch schöne Kirchen/ Imaret, Caravan Sarajen, Bäder vnd ein Wesenstein/ ingleichem der Türckische Käyser ausser der Stadt/ an einem ebenen vnnd schönen lustigen Ort/ ein stattlich erbawtes Pallatium, &c. Ist Anno 1362 von Sultan Murat dem I. diß Namens vnnd dritten Oßmannischen Geschlechts/ durch ein Stratagema mit freyer Hand erobert/ vnd der Türckische Käyser andere Residentzstatt oder Oßmannische Porten worden/ anjetzo von Griechen/ Walachen/ Armeniern/ Türcken vnnd Juden (deren über die 16000 allda) welche Nationes fast ins gemein grosse Kauffmannschafft treiben/ bewohnt.

Stattliche Tractation vnnd Losamenter.

In dieser Stadt seynd wir am besten losirt vnd tractirt: auch mit gutem gesottenem roten Wein/ dem Malvasier am geschmack vnd sterck gleichend/ gnugsamb versehen/ auch die Ordinantz desselben/ auff zween tag nachgeführt worden.

Habsala.

Den 2 frü vmb zwey vhr/ seynd wir wider von dannen auffbrochen/ vnd vmb den Mittag/ in ein Dorff/ Habsala genandt/ kommen/ lositen inn der daselbst/ vom Mehemet Bascha Herrlich erbawten Caravan-Saraj, welche mit einem groß steinern Schwybogen (dardurch der Weg vnnd Strassen gehet) an die darbey ligende schöne Kirchen künstlich gefast.

Was Imaret sey?

In dieser Caravan-Saraj ist auch von jhme Bascha ein Imaret gestifft/ darinnen allen vnd jeden Christen/ Türcken vnd Juden/ so da einziehen vnnd es begehren/ abends zu essen geben würd/ welches Essen Reiß/ darunter ein stück Hammelfleisch vnd ein Laiblein Brod ist.

Einweyhüg der Imaret.

Wann man nun in diesen Imareten oder Spitälen das Concluc oder erste Malzeit helt/ werden vom Stiffter desselben selbsten die Liechter angezündt/ auch mit eigenen Handen die Speiß außgetheilt/ vnd dieses alles (allhie brauch ich der Türcken eigene Wort) beschiche auß schuldiger von Gott befohlener Lieb vnd Barmhertzigkeit/ gegen den Dürfftigen.

Zu die-

Constantinopolit. Raiß.

Anno 1616.
AUGU-
STUS.

Zu diesem wil ich auch vngemelt nicht lassen/ daß inn der Statt Constantinopel/ bey so viel Maracia oder Imaret bey den Meschiten vorhanden/ daß wann einer drey tag lang in einem/ dem gebrauch vnd gemeiner ordnung nach/ sich erhalten wolt/ vnd folgents die vbrigen nacheinander ordentlich/ solcher gestalt besuchet/ er innerhalb eines gantzen Jahrs/ in alle nicht kommen/ oder derselben Hülff vnnd Allmosen geniesen könnt.

Vil Imaret zu Constantinopel.

Den 3 vmb mitternacht fort: vnnd auff Eschibaba, ein Dorff gezogen/ allda morgends vmb fünff vhr ankommen vnd in ein Hauß losirt.

Eschibaba.

Den 4 nachmitternacht vmb ein vhrn seynd wir weggereist/ erlangten morgends vmb sechs vhr Burgaus/ ein lustig erbauten grossen Flecken/ darinn es auch ein schöne Kirchen vnnd Caravan-Saraj welche die zu Habsala inn dem übertriffe/ daß es die Stallung absonderlich auch drey verschiedliche grosse Höf hat/ dabey gleichfalls ein Imaret.

Burgaus:

Abends vmb neun vhr wider auffbrochen/ vnd bey drey viertelmeiln auff einem schön gepflasterten Weg (wie dann derselbe von Adrianopel biß gen Constantinopel fast zum halben theil solcher gestalt/ vnnd je bißweilen ein stück gepflastert ist) gefahren/ kamen

Den 5 vormittag vmb sieben vhr gen Tzorli, losirten allda in einem Hauß/ ist ein schöner Flecken darinn ein wolerbaute Caravan-Saraj vnd Kirchen/ auch in den Türckischen Historien sonderlich bekandt/ wegen der harten vnnd ernstlichen Schlacht/ so darbey Anno 1511 zwischen Sultan Basasit dem II. diß Namens vnnd zehenden Oßmannischen Geschlecht/ vnd seinem Sohn Selim vorgangen/ darinnen der Sohn geschlagen worden/ doch durch hülff seines guten vnd geschwinden Roß/ Carabulick oder schwartze Wolcken genandt/ mit der Flucht darvon kommen.

Tzorli.

Sultan Bajasits vnd seines Sohns schlacht.

F ij.   Den

Erster Theil

Anno 1616.
AUGUSTUS.

Selibre.

Den 6 vmb mitternacht von dannen wider auffbrochen/ kamen gegen tag an das Meer/ welches wir hartneben vnns zur rechten Hand gehabt/ vnd vmb zehen vhr vormittag gen Selibre, ein klein Städtlein/ an dem Meer/ auff einem felsigten Berg erbawet/ vnd mit einer starcken: gleichwol theils Orten etwas eingefallener Mauren vmbfangen/ darunter ein feiner Haven vnd lustiger Marck/ in dem vnd einem Türckischen Hauß wir losirt/ hat allda schöne Meschiten/ Caravan-Sarajen, &c. auch viel Windmühlen: die Compagnia hat daselbst im Meer mit baden jhren lust gehabt.

Den 7 sind wir allda stillgelegen.

H. Starger kompt zu vns.

Den 8 kame Herr Michael Starger von Wien/ Röm. Käys. Mayest. bey der Oßmannischen Porten anwesender Pfandschilling/ von da auß zu Wasser bey vns an/ erfrewet sich vnser glücklichen ankunfft/ beredet sich benebens mit dem H. Oratorn, deß einzugs vnd anders halben.

Erklärung der Oßmannischen Porten.

Damit nun auch der Leser verstehen könne/ was die Oßmannische Porten sey vnd warumb es also genandt würd/ ist zuwissen/ daß Oßman (dann also würd dieser Nam von Arabern vnnd Türcken [denen hierinn billich zu folgen] vnnd nicht wie die vnserigen fast ins gemein zu thun pflegen/ Othman oder Ottoman außgesprocht/ ob auch wol die Griechen solchen durch jren Buchstaben thita schreiben/ würd er doch von jhnen nit als ein th oder t. sondern durch ein doppelt SS. pronuncirt) vnter den Türcken der erst Fürst vnnd Regent gewesen/ dessen Stamm noch auff den heutigen tag weret/ vnd dahero würd selbiger Käyser Residentz/ Wohnung vnd Hofflåger/ die Oßmannische Capi oder Porten (welche jetzt zu Constantinopel) genandt/ nach der alten Römer vnnd Griechen gewohnheit/ auff die sie gefolget/ denen sie auch sonsten/ so viel ich nachmals selbsten gesehen/ vnnd von was mehrs erfahrnen gehört/ in bestell- vnnd außtheilung jhrer so

wol

Constantinopolit. Reiß.

sowol Politischen als Kriegs Empters vnd anderm/ alles/ wie Affen/ nachthun wollen. *Anno 1616. AUGUSTUS.*

Den 9 wurde obgedachter Herr Startzer auff einer Gutschen wider nach Constantinopel geführt. *H. Startzer reist wider von vns.*

Diesen Abend vmb neun vhr brachen wir auch auff/ kamen gegen tag über ein lange steinere Brucken vnnd zu Land hinein tringenden Arm deß Meers/ durch ein daran gelegenes Dorff Ponto-grande, genandt/ dann *Ponto-grande.*

Den 10 morgens vmb neun vhr über ein dergleichen Brucken vnd Arm deß Meers gen Ponto-piccolo, ein lustig zimblich grosses Dorff/ losirten inn einem grossen Hauß/ allda hat es auch ein feine Caravan-Saraj vnd Kirchen. *Ponto-piccolo.*

Wie nun jetzgemelte beede Dörffer solche Namen auch beim gemeinen Mann/ der Ort inn Wellischer Sprach haben/ die noch viel daselbsten breuchlich/ also nennens die da wohnende vnd andere Griechen in jrer heutigen Sprach/ Pontos-megas, vnd Pontos-micros, die Türcken aber Bujuc-Zecmege vnd Kutzuc--Zecmege, welches alles einerley: nemblich das erst Großbrucken/ vnd das ander Kleinbrucken bedeut/ die von Sultan Suliman/ dem II. diß Namens vnd zwölfften Oßmannischen Geschlechts/ mit grossem vnkosten wider reparirt worden/ dessen wunsch ich beynebens setzen wil/ welcher gewesen: Gott wolle jhm die Gnad verleyhen/ dreyerley Sachen vor seinem Todt zuverichten: Erstlich/ daß er den grossen Aquæ ductum, dadurch das Aqua dulcis oder süsse Wasser in Constantinopel geführt würd/ ernewern vnd auffbawen: Zum Andern die Brucken über diese beede Arm deß Meers/ so nicht einer geringen breit/ widermachen; Vnd zum Dritten/ Wien in Oesterreich einnemen könt: Die sie beede seynd jhme gerahten/ in dem er nicht allein durch sonderbare Geschicklichkeit vnnd verwunderliche Inventiones, gnugsam süsses Wasser durch pleyene Röhren/ in Constan- *πόντος μέγας, πόντος μίκρος. Sult. Sulimans wůntsch. 1. 2. 4.*

F iij tino-

Erster Theil

Anno 1616.
AUGU-
STUS.

tinopel/in die 2000 Bronnen vnd fünff meil wegs über Berg vnd Thal geführt/ vnnd hiemit ein recht Königliches Werck verrichtet/ sondern auch mehrgedachte Brucken/mit sehr grossem kosten ernewert/ deß dritten aber/ vngeacht er deßwegen zween grosse Feldzug vorgenommen/ ist er auß sonderbarer schickung Gottes/ nicht gewähret worden.

Den 11 seynd wir allda stillgelegen.

H. Orator schickt gen Constantinopel.

Den 12 schickte der H. Orator seiner Cavalierer einen/ Herrn Ferdinand Rudolff Leschaneçki/ 2c. zu Land mit schreiben nach Constantinopel.

Bekompt Antwort.

Den 13 kame dieser Herr wider/ mit bericht/ daß verwilligt/ den 17 diß vns vollends nach Constantinopel zubegeben/ vnd vnsern Einzug zu halten.

Ankunfft bey Constantinopel/ wie wir empfangen worden vñ einzogen.

Den 17 gegen anbrechendem tag von dannen fort: vnd allgemach auff Constantinopel gerucket/ als wir nun bey einer halben Meil wegs darzu: vnd einen Bronnen kommen/ hat man sich allda zum Einzug fertig gemacht/ dahin brachten die Türcken von Constantinopel auß/ in die funfftzig schöne wolgebutzte Roß/ inn dessen erschienen auch deß Frantzösischen/ Englischen/ Venetianischen vnnd Niderlendischen Pottschaffters Abgesandten/ neben andern ihren vornemen Leuten zu Roß/ empfiengen den H. Oratorn, &c. Nach solchẽ zoge man fort/ vnd ritten erstlich die entgegen geschickte vorneme Türcken / mit theils selbigen Pottschaffters vnnd Commissarii Leuten/ darauff etlich deß H. Orators vnnd seines Commissarii Diener/ alsdann deß H. Orators sechs Edelknaben/ ferners die Cavalieri, denen folgten 5 Trommeter vnnd ein Heerpaucken/ nach jhnen der Fänderich mit fliegendem Fahnen/ item Herr Cæsar Gall allein/ dann der H. Orator zwischen dem Türckischen Pottschaffter vnd dessen Comissarien reitend/ darauff obgedachter Pottschaffter entgegen geschickte Leut/ letzlich die Gutschen/ Reiß vnnd

andere

Constantinopolit. Reiß.   47

andere Wägen. In solcher Ordnung ruckten wir fort/vnd kamen in ein lustiges Thal/ darinnen hielte der Zausch Bascha (oder das Haupt der Zauschen bey der Porten) mit in hundert Zauschen zu Roß/ in einer gemachten Gassen/ so vorher ritten/ vnd vns einbegleitet/ naheten also auff Constantinopel/ neben dero Stadtmauren man vns bey einer Stund: nachmals durch die Hadrianopolische Porten (vnter welcher der letzte Griechisch Käyser/ Constantinus Dragases, als die Türcken mit stürmender Hand die Stadt eingenommen vmb sein Leben kommen) in die Stadt: vnnd von derselben in drey Stund: biß zu der/ für die Käys. Pottschaffter erbawte Behausung/ auff Türckisch Nemschi Han oder das Teutsche Hauß genandt/ geführt/ also damit den Einzug vmb den mittag/ Gott lob glücklich vnnd ansehentlich/ mit fliegendem Fahnen/ Schall der Trommeten vnnd Peerpaucken/ verricht/ nach welchem angedeuter Pottschaffter Leut/ vnnd andere entgegen zogene Türcken/ ihren Abschied vnnd Weg/ wider nach Hauß genommen/ ausser der Stadt/ wie auch in den durchgefahrnen Gassen/ seynd viel tausend Menschen gestanden/ also daß man kaum vor denselben reiten oder fahren können.

Von Griechischen Weissenburg biß hieher/ haben wir anders nichts: dann ein offen/ wüst/ vnnd mehrtheils vngebautes Land (so sonsten an sich selben/ da es nur erbawet/ nicht böß) darinnen mehr Christen als Türcken wohnen; auch nicht einige vest Ort: vnd wol in zween oder drey tagen/ kein Dorff oder Hauß: ausser gedachter vnser Quartier gesehen/ wie auch ausser angedeuter Städt vnd Wdrä vnd grossen Dörffern/ sonderlich in Servia vnnd Bulgaria die Christen keine Kirchen oder Pfaffen haben/ sondern verrichten ihren Gottesdienst vnd Gebet bey eim nidrigen auffgerichten hültzenen Creutz/ so sie gemeinglich auff Bergen stehen haben.

Anno 1616. AUGUSTUS.

Was von Griechisch Weissenburg biß gen Constantinopel zusehen.

Solch

Erster Theil

Anno 1616.
AUGU-
STUS.

Solch ihr Gebet verrichten sie mit wenig Worten/ doch wie ich vermerckt/ recht Christlich vnd eifferig/ vnd ohngeacht sie deßwegen auch/ weiln sie sich Christen nennen vnnd bekennen/ von den Türcken auffs eusserst gehasset vnnd beschwert werden/ leiden sie doch solches gedultig/ als dessen sie von Jugend auff gewohnet.

Cabalierer
Kurtzweil
vnter wegs.

Die Cavalieri vnnd andere/ haben vnter wegs/ wann man zeitlich ins Quartier kommen oder sonsten stillgelegen/ mit schiessen/ Wachtel fangen/ vnnd (sonderlich im herauß reisen) hetzen/ jhren Lust vnd Kurtzweil gehabt.

Bräuch der
Bulgari-
schen Gut-
scher.

Vnserer zugebenen Bulgarischen Gutscher haben wir vnns verwundert/ daß sie mit jhren Wägen/ die sowol als die Räder nicht beschlagen/ über so viel felßigte Gebirg kommen/ auch jhre Roß das stettige jagen vnnd lauffen/ einen so weiten Weg/ sonderlich vmb solche/ zu reisen vnbequeme Zeit/ außdauren können/ dann so balden man ins Quartier kommen/ haben sie nur den Rossen die Zaum abgezogen/ vnnd sämptlich in die nechste Wäyd: vnnd wann man zum Auffbruch geblasen/ wider angespannt vnd fortgejagt.

Ander

Anno 1616.
AVGV-
STVS.

Anderer Theil
Ist ein Beschreibung

was inn wärendem stillligen zu Constantinopel vorgangen/ so ich neben anderm observirt.

Beschreibung vnsers Cosaments.

Vbgedachter für die Keyf. Oratores deputirter Han., ist groß vnnd vierecktigt/ von Steinwerck erbauet/ hat ein grossen vierecktigten Hof/ in dessen mitt ein Schöpffbronn (wiewol ich sonsten keinen zu Constantinopel gesehen) vnten herumb seynd Stallungen/ etliche schlechte Gewelber vnd die Kuchen/ oben herumb ein breiter Gang/ darneben vmb vnd vmb kleine Gewelber oder Zellen erbawet/ so jhr außsehen auff die Gassen/ in denen ein Camin vnd Fenstergestell/ mit eysenen Gittern wol verwahrt/ ꝛc. Dieses seynd vnsere Zimmer vnnd Cammer: darinnen aber weder Beth oder anders gewesen/ sondern hat ein jeder/ so wol inn vnserm stilligen / als hinein vnnd herausreisen/ wer anders wol ligen wöllen/ sich mit Madratzen oder Kotzen (dann inn der Türckey kein Federbeth) versehen mögen/ Sonsten hat es an allerhand/ (Salva reverentia.) Vnzifer nicht gemangelt.

G　　　　　　Die

Anno 1616.
AUGUSTVS.

Die Zimmer gegen der Mittagsseiten gelegen/ haben ein lustigen Prospect, dann man alle die stettigs inn- vnd auß dem Propontischen Meer vnnd Constantinopolitanischen Hafen/ lauffende Schiff: wie auch die Scharen der Delphinen, lustig darinnen spielen vnnd überwerffen/ item den Berg Olympum, so oben stettigs mit Schnee bedeckt/ sehen kan: Auff der andern mitnächtigen Seiten ist das Thor/ darunter ein Zausch vnd acht Janitscharen vns zur Guardi vnd sicherung verordnet gewesen/ allda gehet die fürnembste Hauptgassen fürüber/ dardurch fast alle Vezier, Bascha vñ andere vorneme Herren/ so nach Hof- oder herauß reiten wollen/ kommen/ dann es nicht viel über ein Viertelstunde von solchem gelegen/ nicht weit von diesem Hain/ nechst bey einer schönen Cappelln (so Sinan Bascha für seine Begräbnuß Bawen lassen/ der auch darinnen begraben ligt) ist ein anderer der klein Teutsch Hain genandt/ daselbsten haben theils deß H. Orators vnnd Cæsar Gallen Diener/ weiln inn obigem für 200 Personen/ nicht gnugsame Gelegenheit vnd Zimmer waren/ losieren müssen.

Zausch Bascha soll masul werden.

Der Zausch Bascha/ so im namen deß Türckischen Käysers vnns vor Constantinopel eingeholt/ hat sollen Masul erklärt: das ist/ seins Ampts vnnd aller Ehren entsetzt werden/ vmb das er vns mit fliegendem Fahnen/ so zuvor niemals beschehen/ auch jhnen hierauß nicht gestatt würd/ einziehen lassen/ welches hernacher auff gethane Entschultigung vnd grosse Vorbitt verblieben.

Eine: gestorben vnd begraben.

Den 24 Ist Herrn Ferdinand Rudolff Leschantzki/ rc. Gutscher einer gestorben/ so folgenden tags/ hinter Gallata auff den Christlichen Kirchof begraben worden.

Curirer kompt von Wien/ Item Herr Breuning.

Den 26 Ist ein Curirer, namens Georg Katzensteiner von Wien/ mit Schreiben von Jhr Käys. Mayest. rc. auch etlich Tag hernacher/ hie obengedachter Herr Breuning/ zu Constantinopel angelangt. Auff

Constantinopolit. Reyß.

Anno 1616.
AVGV-
STVS.

Auff dito ist der Padi-Schach/von der Jagt/zu Wasser gen Constantinopel kommen: Durch jetztgedacht Wort Padi-Schach verstehen die Türcken jhren Käyser/welches ein König der Königen heist/wiewol er auch sonsten inn täglichem Gesprch Sultan: vnnd von den jetzigen Griechen Megas-aphendis, von den vnserigen aber/wann sie in der Türckey/dem gemeinen Brauch nach/Wellisch reden/ Il grand signor genandt würd/vnd in dem der Türcken vnd Griechen gewonheit nachgefolgt/welche Wörter alle einerley bedeutung/vnd in vnser Sprach der groß Herr heist.

Türckischer Künsf. kombt von der jagt

Erklärung deß Worts Padi-schachs.

Den 27 Ist dem Ahmet Bascha/ Egmetz-ogli heist eins Becken Sohn/dann er einer gewesen/Caymecam oder Stadthalter (welches Caymecampt/alldieweil der Gräg Vezier nicht bey der Porten/weret) sein deputirt Præsent zugestellt worden.

Caymecam sein Present übergeben.

Den 28 seind vier Jesuiter/so sich ohn verwilligung zu Gallata eingeschleicht/ein zeitlang auffgehalten vnnd verdächtig worden/gen Constantinopel vnnd inn das Schloß/ Jetti-cula genandt/geführt: daselbst geprügelt/nachmals aber auff starckes intercediren deß Frantzösischē Pottschaffters/wider loßgelassen vnd fortgeschafft worden.

Jesuit werden gefänglich eingezogen vnd geprügelt.

Den 29 Ist auch ein Pater Franciscaner Ordens/im selbigen Closter zu Gallata auff der Türcken darein gethanen einfall/vnd vorgebens/wegen verdächtig bey jhm gefundener Schreiben vnd Avisen, gebunden ins Meer geworffen worden.

Ein münch wurd ertrenckt.

Diese Tag über seynd zu Gallata der Jesuiter: vnd bey dem Patre gefundener Schreiben: auch vnsers mit fliegendem Fahnen beschehenen starcken einzugs: vnnd dahero imaginirten Anschlags: jhrer Wehr vnd Waffen halber/aller Christen Häuser durchsucht/benebens den Schiffleuten ernstlich gebotten worden/keinen von den vnserigen/

Vrsach warumb der Christen Häuser durchsucht worden.

G ij   biß

Anderer Theil

Anno 1616.
AUGUSTUS.

biß nach gehabter Audientz/hinüber zuführen/ wie auch vnser verordnete Guardi, vor solcher nicht leichtlich/jemand von den Christen daselbst/zu vnns gelassen/ inngleichem hat man der zeit/ alle Christen so sich nachts auff der Gassen erwischen lassen; selbiger in die viertzig auffgehenckt.

Was mir mit eim Ascham-oglan begegnet.

Den 30 als ich mit einem abgefallenen Teutschen/ in der Stadt herumb: nachmals wider anheimbs gangen/begegnet mir ein Atscham-oglan oder Christenzehend Kind/ (von denen hernacher Bericht zu finden) dieser als er mich ersahe/ griff alsbalden nach seinen Messern/ (ausser deren vnd Dolchen/ inn allen Türckischen Städten vnnd Flecken/ andere Wehr oder Waffen (dann wer zu Roß) zutragen nit bkeuchlich noch zugelassen würd) gienge also mit schelten vnd zornigem Gemüth auff mich zu: weiln ich nun sahe/ daß es mir gelten würde/ vnd kein andere Retrata als die Defension vorhanden/ machte ich mich mit meinem Dolchen auch gefast/ liesse ihm doch vnter dessen durch den Teutschen Türcken zusprechen/ ꝛc. Als er nun vernam vnd zugleich merckte/ daß ich dem H. Oratori angehört/ auch ihm nach belieben begegnen: vnd mich/ jrem brauch nach/ nicht schrecken lassen wolt/ gab zur antwort/ er hett vermeint/ ich wer auch ein vngläubiger Hund/ (also nennen sie die Christen) von Gallata/ welche die obgemelte Practick vorgehabt/ auff solchen Fall er mir die Messer in den Leib gestossen haben wolte/ꝛc. schieden darauff mit schälenden Augen/ damit je einer den andern über die Achsel ansahe/ von einander.

SEPTEM. Erste Audientz beym Türckischen Käyser/ vnd wie dieselbe verricht worden.

Den 4 Septemb. haben wir beym Türckischen Käyser Audientz gehabt/ da es dañ folgender gestalt zugangen: Erstlich seynd die Käyserliche freywillige Præsent, auff Türckisch Dosluc genandt/ (welche aber die Türcken/ wann sie es empfangen/ ein Haratsch oder Tribut tituliren) auff drey Gutschenwägen/ mit Janitscharen begleitet/ voran in das Käyserliche

Constantinopolit. Reiß.

Anno 1616. SEPTEMBER.

serliche Saraj oder Schloß/ geführt: vnd daselbst in ein Ordnung gestelt worden/ dabey auch damals der H. Orator vnnd H. Cæsar-Gall, jeder für sich sechs schöne Stutten vnd etlich Englisch Hund verehrt: Nach diesem kame deß Türckischen Käysers mitgereisten Pottschaffters Chiaij oder Hofmeister/ mit Herrn Gratiano, auch in die dreissig schön gezierte Roß in vnser Losament/ darauff der H. Orator, H. Cæsar-Gall vnnd derer Cavalieri gesessen/ vor dem Hauß hielten viel Zauschen zu Roß/ diese ritten voran/ denen folgten deß H. Orators, seines Commissarii vnd der Cavalieri Diener/ je zween vnd zween/ nach ihnen die Cavalieri, vnd letzlich der Herr Orator, zwischen den beeden Commissarien reittend/ inn den Gassen biß ins Schloß stunde allenthalben viel Volcks. Als wir nun durch desselben Erste Porten: in ein langen Hof/ darinnen gleichfalls viel Volck vnd Roß gestanden/ biß für deß andern Hofs Porten (vnter welcher ein starcke Wacht) kommen/ hat jederman vom Roß steigen/ vñ dem brauch nach/ zu Fuß/ durch solche in andern Hof gehen müssen/ welcher dañ voll vornemer Türcken/ Zauschen/ Janitscharen/ rc. auch schöner Cypreß vnnd anderer Baumen gestanden/ allda hat man den H. Oratorn vnnd beede Commissarien, zur lincken Hand/ inn ein besonder Zimmer (da man sonsten Divan zu halten pflegt) in welchem etlich Vezier vnd Baschen waren/ auch nachmals die Cavalieri vnnd Diener dabey vnter ein Gang so mit Teppichen vñ Speissen/ alles ihrer art nach/ zugericht/ belegt vnd besetzt/ geführt/ daselbsten ein Panckket gehalten vnd Scherbet zu trincken geben. Inn deme wir nun Türckischer art nach mit geschrenckten Beinen/ auff die Teppich gesessen vnnd gessen/ kamen zween mit grossen Trommeln/ auff Camelen sitzend/ denen folgten etliche Türcken/ so fünff Persianisch gefangene/ inn Ketten zusammen geschmidt/ führten/ ferners inn die hundert Personen/

Anno 1616. SEPTEM-BER.

nen/ welche lange Stenglein/ inn form eines Rechens/ die Been über sich stehend/ vnd drauff in die drey/ vier vnd fünff Persianisch mit Hew außgefüllte Köpff/ biß zur dritten Porten trugen/ daselbst hielten sie zur rechten Hand still: Jnmittels wurde auch das Pancket verricht/ vnd war zu nechst bey der dritten Porten zur lincken Hand/ ein Session zugericht/ dahin sich der H. Orator, mit beeden Commissarien, auch der Zausch Bascha vnd Capitzilar-Azem-aga gesetzt/ (sind obriste über die Thürhütter) Nach dem sie nun bey einer halben Stund miteinander sprachten/ trugen vnter dessen die Capizilar (sind deß Türckischen Käysers Thürhütter) vnnd Janitscharē/ die Præsenten fürüber an gehörige Ort. Darauff wurde dem Herrn Oratorn, beeden Commissarien vnd sonsten in die fünff vnnd viertzig Personen Caphiten angeleget/ vnd führten obgedachter Zausch Bascha vnnd Capizilar-azem-aga, den H. Oratorn für die dritte Porten (welcher darhinter ligender dritte Hof nicht fast weit/ sonder lenglich/ mit schwartz vnd weissem Marmolstein belegt: auch da rinnen von solchen Steinen ein lustig springendes Brößlein war) in das Zimmer/ darinn der Türckisch Käyser Audientz zu geben pflegt.

Als nun der H. Orator hinein kommen/ vnnd jhm die Hand gekust/ hat man auch all andere/ so Caphiten bekoṁen/ einen nach dem andern hinein: vnd nach gekustem Rock wider herauß in andern Hof geführt/ vnnd bliebe allein der Herr Orator mit den beeden Commissarien, Herrn Startzern/ zugeordnetem Käys. Secretario vnd Dolmetschen/ sampt vier Veziren stehend darinnen: Darauff thet der H. Orarto, wie auch sein Commissarius jhre Orationes, übergaben dabey die Credentzschreiben neben einem Memorial, &c. Nach verrichtung dessen/ wurden sie gleichfalls wider herauß geführt vnd biß jhn ersten Hof begleit/ da man wider zu Roß gesessen

Constantinopolit. Reiß. 55 *Anno 1616. SEPTEMBER.*

geseſſen vnd gehalten/ biß die Vezier/ Baſcha/ Beegen/ Aglar vnnd andere vorneme Türcken/ auch in die zwey tauſend Janitſcharen/ (die theils inn groſſen Säcken über die Achſel geſchlagen/ Gelt vnd jhre Beſoldung getragen) dann die mit jhren Köpffen/ ſo ſie hin vnd wider im Hof vmbgeworffen/ vnnd die Gefangene in die Wannen geführt/ fürüber geweſen/ drauff wir/ wie von Hauß: alſo wider anheimbs gezogen/ da dann alsbalden deß Türckiſchen Käyſers Trometer/ Paucker/ Schalmeyer/ vnnd andere Spielleut kommen/ jhrer art nach auffgemacht/ vnd mit einer verehrung abgefertigt worden/ welche die Zauſchen/ Capizilar/ Lackeyen/ꝛc. vnnd andere jhrem gebrauch nach/ gleichfalls nicht dahinden gelaſſen/ꝛc.

Obgedachts AudientzZimmer war nicht faſt groß/ mit ſchönen Teppigen/ gulden= vnd ſilbern Stücken behengt vnd belegt/ in der mitte zur rechten Hand im hineingehen vnd ſelbiger ſeiten/ ſaß der Türckiſche Käyſer auff einer was erhabenen Bühne/ vnd ſchönem Polſter von Golt vnd Perlein köſtlich geſtickt/ inn einem ſilbern Stück/ darein guldene Blumwerck gewürckt/ hette ein groſſen Tulpant auff dem Kopff/ daran auff jeder ſeiten ein klein: vnd vornen in der mitte was gröſſers/ an einem guldenen Kettlein: inn Golt eingefaſte vnd mit Edelgeſtein: ſonderlich der mitler mit einem groſſem Schmaragd verſetzt: vnter ſich hangende ſchwartze Raigerbüſchlein/ (dabey würd er erkaͤnt/ deſſen Söhn führt nur zwey/ auff jeder ſeiten eins) an der rechten Hand am kleinen Finger/ ein überauß köſtlichen Diamant/ inn gröſſe einer zimblichen Haſelnuß/ anzuſehen ein freundliche ſchöne/ von Leib ſtarcke Perſon vnd rechter Statur/ hat ein runden ſchwartz braunen Bart/ ſolch gefärbte Augen (welches bey den Türcken ſehr bräuchlich/ haben darzu ein ſonderbare Farb/ ſo Joſſurme genandt: vnd von Mecca gebracht würd) mit dem rechten

Beſchreibung der Audientz Zimmer vnd Türckiſchen Käyſers Perſon.

was

Anderer Theil

Anno 1616. SEPTEMBER.

was schneeklend/ vnd sonsten durchauß ein/ seinem Stande gemäses ansehen vnd gebärden/ Alters bey zwey vnnd dreissig Jahren/ dem Jagen/ FederSpiel vnnd Weibern sehr ergeben.

Vrsach warumb man zur Audienz geführt wird.

Die Vrsach aber/ daß wir zum Türckischen Käyser geführt wurden/ soll diese seyn: Demnach Anno 1390 Lazarus Despot (oder der Fürst in Servia) vnnd Sultan Murat der Erste diß Namens vnd dritten Oßmannischen Geschlechts/ beederseits gegen einander zu Feld gelegen/ ist einer vnter obgedachtes Fürsten vornemen Hofleuten/ vnterm schein als wann er von seinem Fürsten abgefallen/ vnnd sich auff deß Murats seiten begeben wolte/ vor jhne Murat/ (welcher vermeynt/ er werde jhm dieser Völcker brauch nach/ den Rock kuessen) kommen/ demselben alsbalden eine bey sich gehabte verborgene Klingen in Leib gestossen/ vnd also verwundt/ daß er nachmals darvon gestorben/ rc. Dahero von dieser zeit die gewonheit bey den Türcken auffkommen seyn soll/ daß der frembden Potentaten Abgesandte vnnd sonsten ins gemein alle Außländische/ durch obgedachte zwo Personen zu jhrem Padi-Schach geführt/ vnnd die Arm so lang gehalten werden/ biß sie die Hand oder Rock geküst/ vnnd wider auß dem Zimmer oder Zellt kommen.

Den 6 Ist der Sultanin, vnd

Präsent übergeben.

Den 9 Sind dem Muffti, auch nachmals andern Veziren vnnd Baschen/ jhre verordnete Præsent zugestellt worden.

Wer der Muffti sey?

Obgemelter Muffti ist bey den Türcken/ wie sonsten bey den Catholischen der Bapst/ (ausser daß die Erwöhl- vnnd Entsetzung beym Türckischen Käyser stehet) vnd das Haupt inn allen/ so wol Geist- als Weltlichen Sachen/ jhr Gesatz/ Religion/ Gericht vnd Recht betreffend: Nach jhnen seynd die Cadi-Oscher, oder obriste Richter: (Nota, seynd jhr nur 3.

Conſtantinopolit. Reiß.   57

nur drey/ der erſte in Græcia, der ander in Aſia, der dritte zu Alcairo) als daß die Cadi oder Vnterrichter/ dieſe allein werden im gantzen Türckiſchen Kayſerthumb/ als Geiſtlich/ vnd deß Geſetzes erfahrne zu Richtern verordnet.

Anno 1616. SEPTEMBER.

In obgemeltem tag/ welches ein Freytag vnnd der Türcken Sontag geweſen/ hat der Türckiſche Kayſer Sultan Suliman ſein herrlich erbawten Tempel/ mit groſſen pomp beſucht/ vnnd für vnſer Hauß/ zu derſelben folgender Geſtalt gezogen:

Wie der Türckiſche Kayſer in die Kirchen geritten.

Erſtlich ſeynd alle Gaſſen/ dardurch er geritten/ geſeubert/ von etlich vorher gerittenen gemeinen Zauſchen/ das Volck auß dem Weg getrieben/ vnnd platz gemacht worden: Jhnen folgten 130 Glider anderer Zauſchen/ mehr ſechtzehen Glider Zorbaſchi/ je zween vnd zween. Nach dieſen giengen bey 3000 Janitſcharen ohne Wehr/ ferners ein Geomalier oder Türckiſch Ordens Perſon/ auff ir art mit Thierheuten behengt/ vnd ſeltzam bekleidet/ hatte in der einen Hand ein hültzenen/ mit Nägel beſchlagenen Puſican, ſo im fortgehen/ wie auch die Janitſcharen Allahu geſchryen/ (ſonſten aber iſt vnter jnen vnd andern in den Gaſſen allenthalben vil geſtandenē Volcks/ ein vnglaubige ſtille geweſen) dieſen folgten drey Obriſten der Janitſcharen/ weiters 150 Glider vernemer Türcken zu Roß/ mehr zehen Glider Vezier/ Baſchen/ Beegen vnd Aglar/ je drey vnd drey: Alsdann zwölff Käyſ. vnverdeckte Leibroß/ benebens zwölff Perſonen/ ſo ſelbige zu Roß geführt/ welcher Leibroß Sättel/ Zeug vnd Stegreiff/ ſampt bey jedem anhangendem Palaß vnd Puſican, ſonderlich die hinden über die Roß habende Zapra oder Decken/ von Golt/ Edelgeſtein vnd Perlein/ alles auffs köſtlichſt beſchlagen/ beſetzt vnnd geſtickt/ auch auff etlich Tonnen Golts geſchätzt war/ drauff ritte der Imbrahor oder Obriſte Stallmeiſter allein/ weiter folgten achtzehen Glieder Peicken oder Lackey-

H

Lackeyen/ je zween vnnd zween mit gantz silbern hohen Hüten/ in form der Frantzösischen/ doch ohne Stulb/ daran sie vornē in einem daran habenden Röhrlein/ Straussenfedern: jhre Toliman auffgeschürtzt vnnd darunter schöne Baumwolne Hembder herunter hangen hatten/ hernacher bey 100 Solacken oder Trabanten/ so grosse Büsch Spießfedern/ auff jhren zugespitzten weiß filtzenen Hauben/ auch schöne Bogen vn̄ mit Golt vnd Perlemutter eingelegte Pflichtspfeil in Handen trugen/ nach jhnen kam der Türckisch Käyser/ inn einem schön glänzenden guldenen Stück/ darein grosse Blumwerck gewürckt/ auff einem schönen hohen Kestenbraunē Pferd herrlich vnd köstlich geschmuckt vnd gezieret/ vor jm giengen zween so von Golt außgenäheter Tüchlein vnd schönen fliegenwehter/ Wind oder Lufft macheten/ ferners auff jeder seiten einer inn gulden Stück bekleidet/ deren jeder sein eine Hand auff der Zapra oder Decken/ hinter dem Sattel ligen hatte/ darnach zween verschnittene weisse Moren/ jtem zween/ deren einer in einem güldenen Gefäß Wasser: damit er sich vor der Kirchen wäscht/ der ander aber den Regenmantel führet/ vnd letzlich wider in die drey hundert Zauschen zu Roß.

Es ist nicht gnugsam zu beschreiben/ wie überauß stattlich die mitgerittene Türcken/ mit jhren von Golt/ Silber/ Edelgestein vnnd Perlein/ beschlagenen/ versetzten vnnd gestickten Sätlen/ Zeugen/ Stegreiffen/ Zapra oder Decken/ Puscan/ Säbeln vnnd Palassen/ ins gemein auffgezogen/ dann die Türcken vnter andern sehr vil darauff vnd jre Kleider wenden/ auch über das inn solcher zeit sich jeder sehen lassen wil.

Den 10 Hat der H. Orator mit seinem Commissario vnd Herrn Graciano beym Caymecam. vnd

Vnterschiedene Audienzen. Den 12 neben H. Cæsar-Gallen beym Vostanzi Bascha oder obristen Gertner/ (welcher bey 4000 Christen zehent-

Constantinopolit. Reiß.

*Anno 1616.
SEPTEM-
BER.*

hendKinder zu solcher Arbeit vnter jhm vnnd zu commandiren hat) inns Türckischen Käysers Garten vnter dem Schloß ligend/ dann

Den 14 wider beym Caymecam audientz gehabt/ vnd allerhand mit einander conversirt.

Den 23 ist ein Kuchenjung gestorben vnd hinter Gallata begraben worden. *Einer gestorben vnd begraben.*

Den 25 hat man vier Fahnen/ nach jhnen viel Polacken vnd darunter einen München/ wie Hund zusammen gekuppelt/ daß etliche Wägen/ darauff Krancke vnd zween Trommeter/ so blasen müssen/ gesessen/ auch etwas hernacher ein vorneme Landfraw/deren sie gedient/sampt zween jhren Söhnen/ bey neun vnd zehen Jahren/ in einem verdecktem Wagen/ für vnser Hauß/ins Türckischen Käysers Sarai geführt/ welche von den Tartarn (so auß zulassung seines Türckischen Käysers/ vnnd damit er sich wegen der Cusacken etwas rechnen möcht/ in Podolien gefallen) geschlagen vnnd gefangen worden/ die Gefangene seynd in die Wannen vnnd auff die Galleen deputirt: die Landfraw aber hat die Imania oder Mahumetisch Gesetz/ sampt beeden Söhnen angenommen/ welche drauff ins Käys. Frawenzimmer gethan: Die Söhn aber im Käys. Sarai behalten worden. Es solle gleichwol der Eltist/ als man jhn gefragt/ ob er zum Musulman werden wolle/ geantwort haben/ wañs seine Fraw Mutter thue/ er jhr auch folgen wolle/rc. *Gefangene werden für vnser Hauß geführt.*

Jetztgedacht Wort Musulman, wie sich die Türcken nennen/ würd durch das Griechisch Wort Orthodoxus verdolmetscht/ vnd heist/ einer so der Religion halber einer rechten meinung ist/rc. *Erklärung deß Worts Musulman.*

Diese dreissig Tag über haben die Türcken jhre Fasten gehabt/ sie fasten solche dreissig tag also/ daß niemand vnter jhnen (ausser was kleine Kinder vnd Krancke) vom Morgen an biß *Beschreibung Türcken fasten.*

H ij

Anno 1616.
SEPTEM-
BER.

an biß die Sonn vntergangen/ vnd die Sternen in: Himmel sich erzeigen/ weder Speiß noch Tranck geniessen darff/ besuchen sonderlich diese zeit über fleissig ihre Kirchen/ geben auch/ wie sonsten/ sowol Hund vnnd Katzen/ als den Menschen gerne Allmosen/Essen vnd Trincken alsdann bey nacht/ aber keinen Wein/ dann er jhnen bey verlierung deß Lebens verbotten/ auch werden alle Nacht viel Lampen vmb die auff den Kirchthürn habende Cräntz: vnd ausserhalb/ je drey vnd drey über einander gehengt/ zugleich neben denen innwendig in der Kirchen am eysenen Ring hangenden/ angezünd/ welche die gantze Nacht brennen/ ist sehr lustig zu sehen/ sonderlich zu Constantinopel/ da in die tausend Kirchen seyn sollen/ so etlich hundert Centner Oel fressen.   Nach endung derer/ vnnd wann der Neumon im Himmel erscheint/ haben sie Ramadam: oder Bujuc-Weyram, jhr grosses Fest/ wie bey vns Ostern/ feyren dasselbig drey tag/ vnnd werden von der Baschen vnnd anderer vornemer Türcken Diener/ auff den vornembsten Plätzen/ Schupffen auffgericht/ haben darbey Trommeter/Tromeln vnd Schalmeyer/vnd bekommen viel Gelts/ auch werden sonsten hin vnd wider/ allerley Kurtzweil vnd Gauckerey getrieben.

Alsdann gehet die Wahlfart auff Mecha vnd Medina Talnabi an/ dahin jährlich auß Græcia, Asia vnd Affrica oder Barbaria, über die zwey-drey vnnd vierhundert Meil wegs/ ein so weiten/ sehr gefährlichen Weg vnd grosse Wüsten/ in die 50000 Personen/ so wol wegen vermeinter erlangung vergebung jhrer Sünden/ als auch treibung allerhand köstlichen Kauffmanschafft/ reisen/ vnnd auff jhr Kutcuc Weyram, das Klein- oder Opfferfest (welches zwey Monat nach obigem ist) ankommen/ wann sie nun daselbst/ jhr Opffer/ Gebet vnd vermeinten Gottesdienst/ auch nachmals wer da wil/ zu Jerusalem dergleichen verricht/ schlagen sie sich hauffen-

Constantinopolit. Reiß.

Anno 1616. SEPTEMBER.

hauffenweiß zusammen/ ziehen mit grossen Fahnen (da zu oberst auff der Stangen ein wachsender vergulter Mond) in der Städten herumb/ singen von jhrem Propheten Mahumet, vnd erlangen dardurch viel Allmosen.

Dieser Pilgram vnd Wahlbrüder hab ich zu Constantinopel vil sehen herumb streichen/ vnd were von solcher Walfart lang zu schreiben/ weiln es aber nicht mein Proposs, wil ichs ohn weitläufftigern Discurs für dißmal hiemit beschliessen.

Die Armada so im Früling hinauß auff das schwartze Meer geschickt word/ ist vmb diese zeit/ widerumb in Port zu Constantinopel eingelauffen/ aber wenig außgericht/ dann die Cusacken dieselbe also empfangen/ daß man jhnen zum zweytenmal Hülff schicken müssen/ haben auch dem Türckischen Käyser sonsten grossen Schaden gethan/ viel Dörffer/ Flecken vnd Städt/ sonderlich ein grosse auff drey Tagreiß von Constantinopel gelegene Stadt (derer Nam mir abgefallen) allda er sein vornembstes Kupfferbergwerck gehabt/ geplündert vnd in Brand gesteckt/ welcher/ wie sie/ vnd andere mehr Soldaten darfür halten/ dem Krieg/ als wie das Magnificat der Vesper ein ansehen machen solle.

Ankunfft der Armada auff dem schwartzen Meer.

Diese Cusacken wohnen lengst dem Fluß Nester/ welcher Reussen von Moldaw scheidet/ da der Paß in die Tartarey vnd Türckischen Gräntze am bequemsten/ seynd aber von allen Orten: sonderlich auß Polen entloffene Personen/ da man sie wegen begangener Malefitz/ oder anderer übelthaten/ nicht würde leiden/ den Banditen zuvergleichen/ förchten keine Justicia, erkennen auch niemand für jhre Obrigkeit/ als die sie selbsten auffwerffen/ haben stettigs die Waffen in Handen/ fallen damit den Tartarn vnd Türcken ins Land/ vnnd erhalten sich vom rauben vnd streiffen.

Wo die Cusacken wohnen vnd wer sie seynd.

H iij Das

Anno 1616.
SEPTEM-
BER.

Warumb das schwartze Meer also genandt wirdt.

Das obgemelte Meer ist der Pontus Euxinus, so die Türcken Cara-denici, die Griechen aber Maura-thalassa heissen/ welches beedes das schwartz Meer bedeut/ nicht darumb/ daß es schwartz Wasser/ sonder wegen der vrplötzlichen vnfletigen Sturmwind/ dardurch es inn der eyl verendert/ vnnd da es zuvor still vnnd hell/ gleich wie im Augenblick/ in schwartze dunckele Finsternuß verkehrt pflegt zu werden.

Etlich der vnsrigen fahren zur Columna Pompeij, vñ was desswegen zugedencken.

Solches hab ich neben andern von vnser Compagnia gnugsamb erfahren/ dann als vnser zehen im nechstfolgendem Jahr vnd Monat Junio/ in einer Perame oder kleinen Rennschifflein von sechs Rudern gezogen/ auß dem Constantinopolitanischen Port zur Columna Pompej fuhren/ war ein sehr lustig vnd anmutiger Tag/ auch grosse stille auff dem Meer/ also daß wirs anders nicht wünschen hetten können/ so balden wir aber etwas den Bosphorum hinauff/ hinter die schwartze Thürn kamen/ erhub sich ein solche Vngestüm/ welche das Schifflein dermassen hin vnd wider: vnd gleichsamb von hohen Bergen in tieffe Thal warff/ das wir alle Augenblick deß vntergangs erwarteten/ derowegen vnns auch die Schiffleut ermaneten/ für dißmalen von vnserm vornemen abzustehen/ bevorab/ weiln es je lenger je gefährlicher werde/ vnnd sie mit jhren kleinen Schifflein nicht traweten fortzukommen/ wir auch über das vns nicht recht accommodirten, vnnd im Gewicht sitzend blieben/ vngeacht aber dessen/ vnd weiln vnns wol bewust/ was schimpfflichen verweiß wir auff solchen fall von der hynderlassenen Gesellschafft leiden müsten/ gaben jhnen hinwider zuverstehen/ wir weren nicht gesilt/ anjetzo wider vmbzukehren/ sondern vollends in Gottes Namen/ zu dem vorgenommenen Ort/ es begegne vnns darüber was es wolle/ zufahren/ sprachen auch sowol mit etlich mitgenossenen Flaschen deß edlen Palormischen Weins (den wir immittels für das gesaltzen Meerwasser trancken) als son-

Constantinopolit. Reiß. 63

Anno 1616.
SEPTEMBER.

als sonsten einander zu/ vnnd erlangtem nach diesem/ nicht ohn außgestandene grosse Gefahr: sondere Gottes: vnd vnserer guten Schiffleut Hülff/ das offtgewünschte Ort/ Gott lob glücklich/ dahin von Constantinopel auß acht Teutsche Meil/ welche wir zu sampt dem Ruckweg/ vnd also 16 Meil in zehenthalben Stunden gefahren.

Den 17 Octobris ist Herr Johann Georg Soldin von Heilbronn am Necker/ rc. welcher auch vor diesem mit Herrn Adam Freyherrn von Herberstein/ rc. zu Constantinopel gewesen/ daselbsten gestorben/ vnnd folgenden Tag auff einer Gutschen biß ans Meer: allda übergeführt/ vnd hinter Galata ehrlich zur Erden bestattet worden.

OCTOBER
Einer gestorben vnd begraben.

Den 28 hat der Herr Orator mit seinem Commissario vnnd Herrn Gratiano beym Caymecam widerumb Audientz gehabt/ vnd vnsers fortreisens halber tractirt/ vom Caymecam (einem recht arglistig vnnd in hohen Sachen wolgewickeltem Mann/ so benebens eines hohen Geists) wurde dem Herrn Oratorn angedeut/ seines großmächtigsten Käysers Pottschaffter/ were etwas lang zu Prag vnd Wien auffgehalten worden/ darumb vnd wegen besserer fortpflantzung deß heilsamen Friedens/ er auch ein zeitlang bey der Porten/ zuverharren/ ihme belieben lassen: Anjetzo aber sein adjungirter Commissarius mit einer andern Pottschafft von seinem Käyser/ wegen völliger vergleichung der noch stritiger Puncten vnnd Oerter widerumb hinauß reisen solte/ rc. Der H. Orator wolte solches nach eingewendten Motiven gar nicht eingehen/ wechselten auch drauff gegen einander starcke Wort/ letzlich aber da er gesehen/ daß es anders nicht seyn wollen/ hat derselbe nach zuvor gethaner Protestation, dergestalt darein verwilliget/ daß er solches seinen allergnädigsten Käyser berichten/ drauff deroselben Resolution allerunterthenigst erwarten wolle/ vnd da er abgefordert/ sie jhn

Audientz beym Caymecam, vnd was darbey vorgangen.

lenger

Ander Theil

Anno 1616.
OCTOBER lenger nicht auffhalten/ auch er Caymecam, sampt den andern Vezirn/ jhme deßwegen ein Reverß zustellen sollen/ so nachmals begehrter massen beschehen.

NOVEMB.
Die ander Audientz beym Türckischen Käyser.

Den 1 Novembris haben wir beym Türckischen Käyser die ander Audientz gehabt/ darbey Herr Cæsar Gall sein Abschied genommen/ ist sonsten wie bey der Ersten zugangen/ ausser das kein Panckett gehalten worden.

Einer gestorben vnd begraben.

Den 2 ist Herrn Jaroßlaw Wolffs von Sternberg Gutscher gestorben/ vnnd andern Tags hinter Gallata begraben worden.

Ahmet Chiaij wurd Bascha zu Canischa vnd H. Gratianer ein Fürst

Den 12 ist neben andern recompensen wegen verrichter Legation, der gewesene Pottschaffter/ Ahmet Chyaij, vom Türckischen Käyser zum Bascha gen Canischa verordnet: vnnd seinem MitCommissario Caspar Gratiano, beede Fürstliche Insein/ Naxus vnd Paros im Archipelago gelegen/ geschenckt worden.

Caymecam helt vns ein Panckett.

Den 16 hat der Caymecam im Namē deß Türckischen Käysers/ dem Herrn Oratorn, gewesenen Türckischen Pottschaffter / auch beederseyts adjungirten Commissarien, sampt allen deroselben Cavalier vnd Dienern/ in seinem Saraj ein stattlich Panckett gehalten/ vnser art nach ansehentlich tractirt/ darbey allerhand lustige Comœdien, auch andere verwundliche Gauckereyen vnnd Kurtzweil/ durch die Spannische vertriebene Juden (deren sonderlich einer/ so wie ein Italianischer Brave auffgezogen/ schöne Geratigkeiten mit seltzamen springen erzeigt) agirt vnnd getrieben worden/ welches vom Mittag biß Mitternacht geweret.

Pottschaffter besucht den H. Oratorn.

Den 28 hat vormittag der Frantzösisch/ bey der Osmannischen Porten ordinarè residierenter Pottschaffter/ Herr Achilles d'Harli, Freyherr zu Sansi, &c. vnd nachmittag der Englische/ Herr Paulus Binther J. U. D. dann

Den 29

Constantinopolit. Reiß.

Den 29 der Venetianisch Herr Almoro Nani &c. vor vnd Nachmittag der Niderländische Herr Cornelius Hagi, neben den jetzigen beyden Herrn Oratorn vnd seinen Cōmissarium besucht/ vnd bey gehabten stattlichen Collationen/ allerhand miteinander freundlich discurrirt/ dabey sich auch deß Herrn Orators Music/ Trommeter vnd Heerpaucken hören lassen.   Den 30 Novembris/ vnd

Anno 1616. NOVEMBER.

Den 1 Decembris hat der H. Orator mit seinem Commissario Herrn Cæsar Gallen/ solche Pottschaffter zu Gallata/ alda sie wohnen/ hinwieder besucht/ von denen sie stattlich gehalten vnd tractirt/ darbey zugleich vom Herrn Cæsar Gallen abschied genommen worden.

DECEMBER. Der Herr Orator besucht solche Bottschaffter wider.

Den 6 vmb den Mittag/ ist Herr Cæsar-Gall, mit deme an Ahmet Bascha statt verordnetem Bottschaffter/ Herrn Caspar Gratianer (welchem erstgedachtes Baschen Chiaji oder Hofmeister adjungirt worden) von Constantinopel wider herauß zu raysen/ auffbrochen/ dieselbe hat der H. Orator mit seinen Cavalier, vnd theils Dienern/ auff ein halbe Meil ausser der Stadt accompagnirt.

Herr Cæsar Gall reist mit einem Türckischen Bottschaffter fort.

Der Capitan Bascha oder General Capitan del mare, so diß Jahr mit seiner Armada auff dem weissen Meer/ wider den König in Spanien vnd die Maltheser geschickt gewesen ist/ dieser Tag mit derselben vnd grossem schiessen ohne sondern gewinn vnd verlust zu Constantinopel ankommen.

Ankunfft deß Capitan Bascha.

Obgemeltes Meer ist das Mare mediterraneum, vnd jetzt Archipelagus, wird von den Türcken Ac-denici, von den Griechen aber Aspra-thalassa, das ist das weisse Meer/ vnd darumb also geheissen/ weiln es so grossen vngestümmen veränderungen nicht/ wie das schwartze Meer vnterworffen/ sondern viel still-vnd heller ist.

Warumb das weiß Meer also genannt?

Den 23 ist ein Niderländischer Capitän/ mit etlichē vom Adel vnd anderm Gesind/ auff einem grossen/ starcken vnd wolveṛ

Ankunfft eines Niderländischen Schiffs.

J

Anno 1616.
DECEM-
BER.

wolverwahrten Kriegsschiff/ welches in die 40 schöne Stuck Geschütz gehabt/ zu Constantinopel ankommen/ vnnd drauff deß Königs von Fessa in Affrica oder Barbaria Bottschaffter mitbracht / welcher zuvor bey Ihr Excellentia Herrn Graf Moritzen/ec. vnnd den Herren General-Staaden im Haag audientz gehabt/ vnd hülff wider Spanien begert/ weilen aber solche wegen wärenden anstands/ec. nit geleistet werden können/ haben erstgedachte Herren General-Staaden/ solche Bottschafft mit jhrem Capitän vnnd Schiff dahin beleyten vnd führen lassen.

Diese Tag über ist es sehr windig vnd sturmwetter gewesen/ also daß theils am Port / zwischen Constantinopel vnnd Gallata gelegene/ vnd an Anckern übel verwahrte Schiff gesuncken/ auch darauff etlich Personen ertruncken.

Vezier-Azē wurd von Persionern geschlagen/

Der Vezier-Azem, so vor zwey Jahren mit einer sehr grossen Macht/ wider den Persianer geschickt/ ist von demselben geschlagen: vnnd fast auffs Haupt erlegt worden/ vnnd weiln er sich mit der Flucht salvirt, hat der Türckisch Käyser/ da er dessen bericht/ alsbalden etliche Capizilar jne zu suchen vnnd stranguliren außgeschickt/ deme nachmals auff seines Weibs/ (welche deß Türckischen Käysers Schwester war) fußfälliges bitten/ das Leben geschenckt/ auch sonsten dem brauch nach seine Güter nicht confiscirt oder der Sultanischen Cammer einverleibt/ aber doch Musul, das ist seines Ampts vnnd aller Ehren entsetzt/ auch auß der Stadt relegirt worden.

Soll stranguliret werden.

Wurd er-betten.

Wer der Vezier-Azē sey/ vnd sein Gewalt.

Der Vezier-Azem, wurdt auch gemeiniglich Vezier-Bascha vnnd Grand-vezier genandt/ welches alles eines/ vnd der oberst geheime Raht bedeut: Solcher ist Gubernator deß gantzen Türckischen Käyserthumbs vnnd Kriegsvolcks/ wann er im Krieg/ wurd er Ser-ascher oder Feldobrister geheissen/ vnnd hat dermassen ein hohe authoritet vnd

Gewalt/

Constantinopolit. Reiß.

Gewalt/ daß er nicht allein die hohe vnd nidere Kriegs Aempter vnd Befelch/ nach seinem belieben verleihen/ vnnd außtheilen: sondern auch Vezierlar der Oßmannischen Porten/ das ist/ hohe geheime Räht/ deren nur vier allda/ machen kan.

Anno 1616. DECEMBER.

Nach diesem seynd auch theils überbliebene Soldaten vnd Spatrien aller Arm bloß vnd zerissen von gehörter übel geglückten Persianischen Expedition, zu Constantinopel ankommen/ die vnd so viel ich gesehen/ mehr Bettlern als Padischachischen Cavalieri oder gentil-huomini, Ritters oder Edelleuten/ wie sie seyn sollen/ gleich gesehen/ welches zwar nicht zuverwundern/ wann man bedenckt/ wie es in dergleichen Fällen zugehet/ vnd daß sie nach verlorner Schlacht/ noch in die 350 Teutsche Meil/ (dann so weit würd von der Persianischen Gräntzstadt Tebris, biß nach Constantinopel gerechnet) reisen müssen.

Türckische Soldaten kommen bloß auß Persia.

In diesem Monat ist der Ali Bascha zu Ofen todts verblichen/ welchem das Leben/ wegen seines Friedliebenden Gemühts vnd anders/ ꝛc. wol lenger zu wünschen gewesen.

Ali Bascha todt.

Den 25 Ist der H. Orator neben dessen Cavalier vnd Dienern zu Gallata gewesen/ vnd daselbst in der Franciscaner Kirchen Predig vnd Meß gehört/ darbey deß H. Orators sechs Edelknaben/ mit brennenden Fackeln gedient: Ingleichem haben sich damals/ seine Musici, Trometer vnd Heerpaucker/ lustig darin hören lassen/ sonsten ist auch durch vnsern München/ so wol im reisen als stilligen/ täglich Meß gehalten worden.

H. Orator besucht zu Gallata die Kirchen

Den 13 Januarii Anno 1617 hat der Capitän/ auff dem ankommenen Niderländischen Schiff/ mit seinen Adels vnd andern vornemen Personen/ auch deß Niderländischen Herrn Pottschaffters Hofmeister/ den H. Oratorn heimgesucht/ welche er nachmals zu mittag bey der Tafel behalten.

Anno 1617 JANUARIUS Niderländischer Capitän besucht den H. Oratorn.

J ij   Den 15

Ander Theil

Anno 1617. JANUARIUS

Audientz beym Seender Bascha vnd was dabey zugeben ein.

Den 15 hat der H. Orator den Scender Bascha heimbgesucht/ miteinander allerhand: auch von der Religion discurrirt, da er Bascha letzlich den Außschlag geben/ er halte darfür/ daß zwischen der Augspurgischen Confession vnnd Romanischen Religion/ eben ein Zwyspalt/ wie vnter jhnen vnd den Persianern: ist sonsten ein geborner Unger/ gestandenen Alters/ Heroischen Gemühts/ vnd versuchter Soldat/ der nun etlich mal in die Walachey vnnd Siebenbürgen geschickt worden/ vnd die Sachen jedesmals zu seines Käysers contento verricht/ hat benebens das Lob/ daß er sich im Krieg gegen den Christen Barmhertzig erzeig/ wie er auch vnter anderm damals gehaltenem Gespräch vermeldt/ er hab je vñ allwegen derjenigen/ so sich auff Gnad ergeben/ verschonet/ jnen Traw vnnd Glauben gehalten/ auch dahin gesehen/ wie vnschuldiges Blutvergiessen/ so viel müglich durch leidentliche Mittel: verhütet werden möcht/ dann dieses: wie er darfür halt: einem Soldaten ebñ sowol ein (auch was lobwürdigern) Namen mach/ als wann man mit sengen vnd brennen alles verheere/ ꝛc.

Polnisch Pottschaffter besucht den H. Oratorn.

Den 16 hat der Polnisch Pottschaffter Herr Stephan Cogantzcki, ersthochgedachts Königs geheimer Raht vnnd Cantzler/ ꝛc. den H. Oratorn heimbgesucht/ vnd bey gehabter Collation, allerhand freundlich mit einander conversirt, welches man vor seiner beym Türckischen Käyser gehabten audientz/ vmb besorgten vnterredens/ nicht zulassen wollen/ derselbe ist bald hernach mit einer Friedens-Capitulation wider nach Warschaw/ zu Ihr Kön. Mayest. verreißt.

Erwehlung etlicher Baschen.

Den 18 ist in gehaltenem Divan, Hallil, Capitän Bascha/ zum Grand-Vezier vnnd Ser-ascher oder General Capitän del campo, deß Persianischen Kriegs/ vnd an seine statt/ Alil, so zuvor Bascha in Cypern: auch Mehèmer, welcher inn Egypten Bascha gewesen/ zum Bascha nacher Ofen

Constantinopolit. Reiß.

Ofen verordnet/ vnd zugleich zu Veziren erklärt: darbey ob-gedachtem Grand-Vezier befohlen worden/ sich alsbalden zur newen Persianischen Kriegs-Expedition, aller nohtdurfft nach/ höchstes fleiß zurüsten vnd fertig zumachen.

Anno 1617. JANUARIUS.

Obgemelter Divan oder offene Hofraht vnd Gericht/ würd wochentlich durch die Vezier dreymal im Käyß. Sarai (allda auch all andere Expeditiones) gehalten/ also daß jederminniglich/ Christen/ Türcken vnd Juden/ꝛc. es sey waserley sachen/ daselbst/ fürbringen/ vnd in solchem oder nechstfolgigem endlich Bescheid erlangen kan/ dergleichen Divan helt auch der Grand-Vezier oder Vice-Sultan vnd in abwesen dessen der Caymecam, in seinem Sarai oder Pallatio, darbey sondere Assessores seyn.

Wz Divan, wie vnd wo er gehalten würd.

Den 22 hat der H. Orator den Grand-Vezier heimgesucht/ vnd jhme zu seinem Ampt glück gewünschet.

H. Orator besucht den Grand-Vezier.

Den 17 Februarii ist H. Orators Wagenmeister/ Namens Niclauß Bötting von Prag/ welcher abends frisch vnd gesund gewesen/ morgends inn der Cammer todt gefunden/ vnd selbigen Tags hinter Gallata begraben worden.

FEBRUAR Einer gestorben vnd begraben.

Den 19 ist hievorgedachter Niderländischer Capitän mit seinem Schiff/ Leuten vnd anbefohlener Potschafft/ nach zuvor beym Türckischen Käyser gehabter audienz vnnd erlangter Hülff/ wider auß dem Port geloffen/ vnnd hat man nachmals erfahren/ daß solch Schiff/ als es auff 40 Meil von Constantinopel kommen/ zwey grosse Venetianische Naven, daßselb ersehen/ vnd weiln es bereit etwas dunckel nicht wissen mögen/ ob es Freund oder Feind/ derowegen Meeresgebrauch nach ein Stück/ so wider denselben scharpff geloden: vnd wie sie hernacher vorgeben/ jhnen vnwissend/ vnd in der eyl geschehen gewesen/ loßgebrennt/ darauff gleichfalls der Niderländisch Capitän sein Geschütz auff sie als erzeigten Feinden: vnd also spielen lassen/ daß das eine bald zu grund

Niderländischer Capitän reist fort/ vnd was jhme begegnet.

J iij gesun-

Anno 1627.
FEBRUAR

gesuncken/ dem andern were es auch nicht besser gangen/ da sie nicht im zusammen rucken einander als Freund erkandt/ der H. Capitän ist fortgefahren vnnd haben die Venetianer/ als Vrsacher/ den schaden haben müssen.

H. Orator besucht den Ofnischen Bascha.

Den 24 hat der H. Orator bey dem nach Ofen verordneten Mehemet Bascha, audientz gehabt/ zu seinem Ampt glück gewünscht/ vnd dabey gute Nachbarschafft zuhalten/ erinnert.

MARTIUS
Audientz beym Grad-Vezier, vnd etwas desswegen zugedencken.

Den 2 Martii hat der H. Orator beym Grand-Vezier, auff etlicher Türcken ihrer verlorner Gefangenen halber/ beschehenes klagen/ vnd betrohlich begehrte nachsuchung/ audientz gehabt/ sich deßhalben entschuldigt vnd keine nachsuchung gestatten wollen/ vnter dessen haben die Türcken aviso bekommen/ daß man nachts zuvor drey derselben gefangenen/ in kleinen Han/ sich ein zeitlang daselbst bey einem abgefallenen Teutschen/ auffzuhalten geführt/ allda sie alsbalden eingefallen/ vnd solche hinweg genommen/ welches/ wann sie in vnserm Han verblieben/ nit geschehen were/ darunter ein Polnischer von Adel: deß Geschlechts ein Boremscki gewesen/ derselbe ist alsbalden von seinem Türcken/ auff ein Galeen verkaufft/ vnd nachmals mit grosser mühe/ von H. Ferdinand Rudolph Leschantzki/ gegen erlegung 150 Gulden wider erledigt worden/ wie dan dieser Herr/ auch sonsten etlichen Gefangenen/ wie er geköndt/ fortgeholffen/ dagegen sich sonderlich dieser Boremscki sehr vngebührlich erzeigt/ in dem er nachmals zu Wien ohne einige gehabte Vrsachen/ vnwissent dieses Herrn oder jemand anders der vnserigen/ heimblich davon gestrichen/ vor solcher audientz vnd zu Mittag über der Tafel verwarnet der H. Orator die seinigen ernstlich/ sich solcher entloffener Gefangenen (als die aller der Türcken anzäigung nach/ bereits außkundtschafft weren/ dahero sie auch besorglich was ernstlich vornemen möchten) zu entschlagen/

dann

Conſtantinopolit. Reiß.

dann von jhnen doch/ wie die tägliche erfahrung bezeugt/ kein *Anno 1617.* / *MARTIUS*
Danck zu gewarten/ mit erzehlung etlicher Exempel/ inn was
Vnglück vnd eusserste Lebensgefahr/ sich vil vornemer Leut/
die sich dergleichen Personen angenommen/ kommen seynd.

Den 13 ist der auff das schwartze Meer verordnete Ba- *Bascha auf*
scha/ mit seiner neben dem Arsenal herumb gelegenen Arma- *dem schwar-*
da/ so in die 45 Zschencken waren/ auffbrochen/ vnnd durch *tzen Meer*
den Bosphorum hinauff in obiges Meer: auff die Chusa- *ruckt fort.*
cken gefahren/ deme hat man noch vor vnserm verreisen Hülff
schicken müssen.

Mit dieser Armada werden die Wallonen/ so zu Pappa
vnd sonsten ab= vnd zum Türcken gefallen/ fortgeschickt/ ha- *Abgefalle-*
ben jhre Wohnung zu Gallata/ auch Besoldung wie andere *ner Wallo-*
Kriegsleut/ vnnd die Religion frey/ derselben Capitän ist inn *nen beschafft-*
diesem hinauß fahren in einem mit den Chusacken gethanem *feitheit.*
treffen/ wie ich berichte: von jhnen erschossen worden.

Den 16 ist hieoben gedachter nach Ofen verordnete Ba-
scha/ zu Constantinopel auffbrochen/ vnd von eim stattlichen *Deß Ofn-*
Kriegsvolck zu Roß begleitet worden/ deme zu Ehren hat der *schen Ba-*
H. Orator vnter vnserm Thor/ als er da fürüber gezogen/ *schen Auff-*
seine Trometer blasen vnd die Heerpaucken schlagen lassen. *bruch von Constanti-*
nopel.

Den 17 ist der Türckische Käyser abermals für vnser Lo-
sament/ vnnd in Sultan Mahumets Kirchen/ mit grossem *Der Tür-*
Pracht zum Gebet geritten. *ckisch Käy-*
ser reit in die
Den 24 am CharFreytag/ hat der Herr Orator bey den *Kirchen.*
Franciscanern zu Gallata die Gräber/ vnd *Herr Orator*
besucht die
Den 26 daselbst bey den Franciscanern die Meß vnnd *Gräber/*
Predig/ wie hiebevor am H. Christag/ besucht. *Hört zu*
Gallata
Den 27 am andern Ostertag/ als Herr Ferdinand Ru- *Meß.*
dolff Leschanskcki/ mit Herrn Huberto Reischin/ nacher
Gallata/ zu den Franciscanern in die Vesper gehen wol- *Was einer*
len/ wischt vnversehens ein Türck auff gedachten Herrn Ret- *Cavaliero ei-*
schin zu/ riß demselben sein Vngerisch Hütlein/ zusampt dar= *nem begeg-*
auff ge= *net vñ was*
deßwegen
zumelden.

Anno 1617.
MARTIUS auffgehabtem Paradeiß Vogel vom Kopff vnd mit darvon/ weiln aber jhre Diener/ wie auch ein mitgangener Janitschar (welcher zugleich andern vmb hülff vñ auffhaltung zugeschrien/ dene aber er Türck nicht gesehen: sonsten solches wol vnterlassen hette) jhme alsbalden nachgeeylt/ haben sie denselben erlangt/ der sich gleichwol so best er könde/ vnd biß der Janitschar mit seinem Indianischen Stab/ oder Böhmischen Ohrlöffel auch herbey kommen/ gewehret/ darauff führte man jhn zum Grand-Vezier, daselbsten beklagten sich die Cavaliere, über beschehenen freventlich gewaltthätigen (vngeacht deß mitgehabten Janitscharen) anfall: vnd beraubung/ baten beßwegen gegl dem Verbrecher/ andern zum Exempel gebürliche bestraffung vorzunemen/ wie auch in continenti beschehen/ vnd jhme etlich hundert streich/ mit zähen Stecken auff die Solen/ Geseß vnd Rücken/ wo es jhm wol gethan/ geben worden/ wie dann er Vezier auch ausser dessen der Justici gewogen gewesen.

Darbey will ich auch melden/ daß vnter den Türcken/ allein die jenigen/ so Kriegsleut/ Federn zutragen befügt vnnd solches den Christen so vnter jhnen handeln vnnd wandeln (ausser was der Pottschafft Leut [deßwegen sie doch/ sonderlich wann man ohne Janitscharen gehet/ gemeiniglich auch in vngelegenheit kommen] betrifft) nicht zulassen wollen.

Sonsten ist vnter Christen Türcken vnd Juden der kleidung halber ein Tracht/ vnnd vergleicht sich mit der jenigen so in Orient allenthalben vnd jedesmals/ auch bey den Mosaischen zeiten breuchlich gewesen/ allein daß die Inländische Christen vnnd Juden gemeinzlich schwarz: vnnd dunckele; die Türcken aber bunde Farben tragen/ vnnd die Christen an jhren Hauben oder bloen Tulpanten: wie die Juden bey jhren ohne Stulb von Filz gemachten schwarz runden Hauben (die jhnen an statt der vor diesem zugelassen gelben Tulpanten:

Constantinopolit. Reiß. 73

panten verordnet worden) zu erkennen/ welche sie/ wie wir die *Anno 1617.*
Hüt tragen/ die Türcken haben alle weisse Tulpant/ von schö- *MARTIUS*
ner/ zarter Baumwollener Leynwat/ vnd ist wol zumercken/
daß darbey ein jeder/ was stands er ist/ vnd für ein Ampt hat/
kan erkennt werden/ dann jhnen solche nicht jhres gefallens:
sondern wie jedes Stand erfordert/ zu tragen zugelassen.

Den 28 ist ein Russischer Jung bey vierzehen Jaren/ wel- Ein Gefan-
chen vnser Musicus vnd Discantist/ lang salvirt, als er ausser gener ward
deß Hauß inn nechstem Pronnen darbey/ Wasser zu holen/ nommen.
gangen/ von seinem Türcken ersehen vnd wider weggenom-
men worden.

Allhie wil ich dem Leser zu lieb/ das jetztgemelte Wort Erklärung
Türck/ wie wir sie nennen/ erklären/ vnd ist zwar solches bey deß Worts
jhnen nicht ein schmählich: oder sonst abschewlicher Nam/ Türck.
bedeut inn jhrer Sprach/ vmbfahrer oder vmbschweiffende
Hirten (wie sie gewesen) die mit jhrem Gesind/ Haupt-vnnd
anderm Viehe/ herumb: vnd der Wayd nachziehen/ welche
die Griechen Nomades genandt.

Den 6 Aprilis hat der Venetianisch Pottschaffter mit *APRILIS.*
den seinigen/ den H. Oratorn, ingleichem Venetia-
 nisch Potts-
Den 9 jhne derselb hinwider besucht/ vnnd bey beeder- schafft be-
seits ins gemein gehabtem stattlichen Collationen, mit ein- sucht den H.
ander allerhand discurrirt. Oratorn.
 Er jhn wid.
Den 17 ist der H. Orator mit theils Cavalierern, etli- Herr Orator
chen Dienern vnd Türcken hetzen geritten/ in einem lustigen reit hetzen.
Garten kalte Kuchen gehalten/ vnd abends wider anheimbs
kommen.

Diesen Vormittag ist der Türckisch Käyser/ mit seinen Türckische
zweyen Söhnen/ (so bey zehen vnnd eylff Jahren vnnd sehr Käyf. kompt
schön waren) dem obristen Jägermeister/ obristen Fälckner von d'Vaiss.
vnd obristen Sperberer/ sampt in die drey hundert Jäger vnd
Falcknern/ alle zu Roß/ neben andern vornemen Türcken/
K von

Anno 1617.
APRILIS.

von der Hetz vnd Paiß wider heimkommen vnd solcher gestalt für vnser Hauß geritten.

Theils Officirer geben zum Wein vnd wz ihnē begegnet.

Eodem die Nach mittag seynd theils Officirer zum Wein: welche/ als sie wider heim: vnd zweyerley wegs gangen/ haben jhrer vier etlichen Atscham-oglanen begegnet/ vnd als dieselbe auff die vnserigen jrem brauch nach Pregidi Gauri (jhr vngläubige Hund) gescholten/ haben die andern hinwider nicht geschwiegen/ darauff ferners mit Worten/ Schlägen vnd Stechen/ dermassen zusammen kommen/ daß deß H. Orators Tafeldecker einer Georg Preuß/ hart: vnd der Leibschneider Michael Rausch/ biß auff den Todt: auch etlich vnter jhnen solcher gestalt: vnd beederseyts mit Messern verwundt worden. Weilns nun nit weit von vnserm Hauß: vnnd da fürüber ein groß gelauff war/ habens die damals wenig darinnen gewesene Personen bald erfahren/ derowegen der Compagnia zu hülff kommen wollen/ es seynd aber zu allem glück die Atscham-oglani bereits hinweg gewesen/ were sonst seltzam: vnnd schier über vnsere Guardi gangen/ weiln sie solches/ ehe als wir/ erfahren/ vnnd den vnsern nicht zu hülff kommen/ oder jene auffgehalten.

Wer die Atscham-oglani seyn.

Diese Atscham-oglani seynd Zehent Kinder/ werden im fünfften Jahr im Namen deß Türckischen Käysers/ in Tracia, Bulgaria, &c. vnnd andern mehr gewissen orten/ bey den Christen als ein Zehent/ gesamblet/ inn einem besondern zu Gallata gelegenem Sarai, von acht biß ins zweintzigst Jahr/ erzogen vnd erhalten/ vnd zu allerley sachen/ nach dem ein jedes art vnd Kopff erfordert/ abgericht vnnd gebraucht/ seynd über die Christen sehr erbittert/ vnd jhnen gehässiger als geborne Türcken/ haben vnns wol/ sonderlich weiln wir gemeinglich ohne Janitscharen gangen/ vor jhnen vnd sonsten vorzusehen gehabt/ dann es immerzu Händel geben/ welche alle zubeschreiben vnnötig/ vnd vmb geliebter kürtz/ 1c. willen außgelassen werden. Darbey

Constantinopolit. Reiß.   75

Dabey kan ich gleichwol nicht fürüber passieren/ diß falls der Türcken brauch zu melden/ daß wann sie truncken oder Maslach (welches ein Pulver/ davon dieselbe vnd so lang sie wollen sinnloß werden/ auch sonderlich inn Feldzügen/ den Rossen/ solche dardurch mutig zu machen/ zufressen geben/ vnd dessen noch zweyerley/ als deß lachenden vnnd schlaffenden haben) verschluckt/ einen Christen oder Juden ersehen/ denselben zu begegnen vnnd (da man jhnen nicht bey zeiten außweicht/ oder dero gefallen nach sich accommodirt) mit stossen vnnd schelten zur defension zu bewegen/ alle mittel vnd weg suchen/ wann es nun darzu kompt/ daß sie obzuligen nicht getrawen/ fangens an zu schreyen breberi (welches Wort auch inn andern tumulten jhr lingua oder Kreyden/ dardurch sie einander pflegen zuzusprechen vnd auffzumuntern) lauffen drauff alsbalden hauffenweiß zusammen/ vnd wie recht einer hat/ muß er doch gemeiniglich/ bevorab die jhrer Sprachen vnd Griff vnerfahren/ einbüssen.

Anno 1667. APRILIS. Der Türck brauch was sie Maslach verschluckt.

Den 19 ist ein gemeine Dirn für vnser Hauß geführt worden/ welche ruck= vnd schritling auff einem Esel gesessen/ dessen Schweiff in Handen: vnd vmb den Halß vnsaubere Schafdärm hangen: auch über den Kopff die Schafwammen/ wie ein Hauben stürtzend gehabt/ war biß zu halber Brust bloß/ vnnd von jhrem Führer je bißweilen mit den Därmen vmbs Gesicht vnnd Rucken geschlagen/ die sich doch ein als den andern weg/ wie solcher Leut brauch/ leichtsinnig erzeigt.

Ein Türckische gemeine Dirn wurd für vnser Hauß geführt/ vnd was darbey zugedecken.

Vngeacht aber dieser schmählichen Straff (die doch nach gestalt deß verbrechens auch geringer/ also daß man jhnen bißweilen etliche Streich auff die Solen gibt) vnnd daß deß Subascha oder obristen Provosen Diener deßwegl fleissig nachforschen/ find man doch zu Constantinopel wie aller Orten/ dergleichen Personen sehr viel/ von Christin/ Judin vnd Türckin.

K ij   Obge=

Ander Theil

Anno 1617.
APRILIS

*Deß Suba-
scha verrich-
tung.*

Obgemelter Subascha, oder Capitan della Justitia, reit täglich zu Constantinopel in der Stadt herumb/ hat bey sich etliche Janitscharen vnd andere/ so Stecken zum prügeln tragen/ wann er nun bey den Krämern/ Becken/ Fleischhawern vnd andern (zu denen er vnversehens kompt/ falsch Gewicht/ Maß oder vngerechte Wahren findt/ läst er solche inn offener Gassen nider werffen vnnd prügeln/ auch gemeiniglich die Wahren preiß machen/ welches gleichfalls/ Christen/ Juden vnd Türcken/ so Schlag- oder grosse Zanckhändel auff freyer Gassen anfahen/ oder sich der gebühr nach/ nicht verhalten/ begegnet/ vnnd niemands verschonet würd. Auch müssen bißweilen solche betriegliche Gesellen ein dick Pret/ welches bey zwo Elen lang vnnd eine preit/ in der mitte außgeschnitten/ daß man nur den Kopff dadurch stossen kan/ darein auch vmb mehrer schwere willen Pley gegossen ist/ herumb/ biß an gehörigs Ort tragen/ will er nun offt ruhen/ muß er deßwegen vil Asperle oder Kreuter erstatten/ vnd hat dißfalls sein genandtes/ hinden vnnd fornen am Pret hangen Kühschellen/ damit man jhn von weitem hören kan/ oben drauff ist etwas von denen Wahren/ damit er betrieglich gehandelt/ vnd würd jhme zum vermeinten sondern Spot ein Teutscher Hut auffgesetzt.

*Herr Orator
bekompt
Schreiben.*

Den 20 hat von der Röm. Käyß. Mayest. der H. Orator seiner Abforderung halber: auch sonsten Schreiben bekommen/ drauff

Audientz.

Den 24 beym Grand Vezier, vnd
Den 25 beym gewesenen Caymecam, ingleichem

MAIVS

Den 1 Maij beym Muffti, dann
Den 5 abermals bey jhme Muffti, vnserer Abfertigung halber/ Audientz gehabt/ vnd vmb dieselbe angehalten.

*Der Tür-
ckisch Käy-
ser sehn spa-
tieren.*

Den 8 ist der Türckische Käyser in deß Capitan Baschen newerbauten Galern/ mit jhme auff dem schwartzen Meer spatzieren gefahren. Diese

Constantinopolit. Reiß.

Anno 1617. MAJUS.

Diese tag über ist etlichmal außgeschryen worden/ daß alle die jenige/ so vom Türckischen Käyser Kriegsbesoldung/ vnnd zum Persianischen Zug erfordert worden/ sich gefast machen sollen/ welche aber lieber in Vngarn vnnd Teutschland gezogen/ innmassen sie auch dieses jhren Käyser: vnnd auff solchen fall vmb halben Sold zu dienen/ verständigen lassen. — *Erforderung deß Kriegsvolcks ins Persia.*

Ingleichem hat der Grand-Vezier dem H. Oratori andeuten lassen/ weiln es anjetzo viel Kriegsvolck gebe/ er den seinigen ohne Janitscharen nicht außzugehen/vntersagen lassen wolle, dann da sonsten einem hierüber was begegnen würder/ were er für entschuldigt zu halten. — *Grand-Vezier lest bewegen deß Kriegsvolcks warnen.*

Den 16 ist ein Türck/ so inn ein Gäßlein beym Wesenstein/ ein Knaben defloriren: vnnd darzu zwingen wollen/ erwischt/ vnnd nechst darbey auffgehengt worden/ welches darumb beschehen/ weiln er solches offentlich: mit gewalt: vnnd gegen einem/ so nicht sein Schlau vornemen wollen: Dann dieselbe wie auch andere Völcker gegen dem Auffgang/ in dieser verfluchten Sünd wider die Natur/ dermassen ersoffen/ daß es bey jhnen nicht allein keine Schandt/ sondern es werden auch inn den Cafuannen/ schöne Knaben/ wie sonsten in andern Ländern die Mägd gefunden. — *Ein Türck würd strangulirt vnnd warumb. Türcken sind rechte Sodomiten.*

Dergleichen Knaben (welche alle gefangener Christen Kinder) haben die jenigen so was vermögens/ gemeiniglich auch zu Hauß/ dann sie solche täglich auff dem Christenmarck käufflich bekommen.

Obgemelte Cafuannen sind Häuser in welchen schwartz Wasser gesotten: vnd von Türcken vnd andern täglich warm getruncken würd/ so dem Magen vnnd sonsten sehr dienlich/ sitzen gemeiniglich ein halben Tag darbey/ spielen im Schach vnd Pret (darinnen sie trefflich erfahren) aber vmb kein auffgesetzt Gelt/ sondern wer für den andern die Zech zahlet: eben — *Was Cafuannen.*

K iij an sol-

Ander Theil

*Anno 1617.
Majus.*

an solchen orten finden sich auch Personen/ welche vnter dessen von jhrer Käyser vnnd anderer Vorfahrer begangenen thaten auch Historien offentlich lesen/ welche hernacher deßwegen von den vmbsitzenden Zuhörern etwas Gelt bekommen.

Ernennung deß Caymecams vnnd Baschen zu Ofen.

Den 17 ist der Mehemet Bascha zu Ofen/ zum Caymecam oder Vice Grand Vezier nacher Constantinopel vnd Nackas (heist ein Mahler/ dann er einer gewesen) Hassan Bascha/ ein scharpffer Gast/ an seine statt eligirt worden.

Verlauff mit einem Türckischen Pfaffen vñ Türcken.

Den 19 in deme ein Türckischer Pfaff für vnser Hauß gienge/ begegnet jhm ein Türck/ so truncken war/ weiln nun keiner dem andern wiche/ sondern stracks auff einander zugiengen/ stiessen sie zimblich hart zusammen/ kamen auch ferners mit worten vnd schlägen wol an einander/ doch gabe letzlich der Trunckene nach/ weiln jhm von den andern zugeloffenen Türcken starck abgewehrt wurde/ damals fragte mich ein abgefallener Teutscher/ ob ich auch verstehe was die zugeloffene Türcken schryen? Deme ich antwortet/ ich hörte wol/ daß sie von Pfaffen vnnd Juden sagten/ sprach er ja/ dann sie eben das Sprichwort wie vnsere Teutschen vnd schryen/ Ein Pfaffen vnd Juden soll man entweder gehen lassen oder gar todt schlagen/ was sie andern zu thun verbieten vnd straffen/ theten sie selbsten/ weren auch sonsten eben so geitzig als: theils vnter vns Christen.

Auffbruch deß Capitan Bascha mit seiner Armada.

Den 22 vormittag/ ist der Capitan Bascha/ mit seiner/ etlich tag zwischen Gallata vnnd Constantinopel gelegenen Armada/ welches in die sunfftzig Galeern/ Galeonen/ darunter auch zween Maone (welches grosse Schiff/ darauff man Proviant vnnd allerley Kriegsmunition führet/ vnnd auch mit Rudern gezogen werden) gewesen/ daselbst auffbrochen vnd allgemach/ in einer Ordnung/ mit nidergelassenen Segeln/ regung der Trommeln vnd Schalmeyen/ grossem geschrey vnd starckem schiessen/ so wol auß Stücken als Handrohren/

Constantinopolit. Reiß.   79   *Anno 1614.*
MAJUS

röhren/ hinab: biß zu deß Käysers Sarai (welcher in dem darunter gelegenen Garten/ schön erbawtem Lusthauß/ so mit vielen Marmolsteinen Sewlen/ mancherley Art vnnd Farben geziert/ gewesen) folgends bey einer halben Stundt den Bosphorum hinauff auff Besicdas gefahren/ allda er drey tag/ wie auch folgends bey den sieben Thürnen so lang/ dem brauch nach/ gelegen/ vnd in denen Orten sich vollends außgerüst/ diß ist nicht die völlig Armada/ sondern stossen in folgendem hinaußfahren/ auch etlich zu Gallipoli/ Rhodiß/ Nygra-pont/ Cppern/rc. vnd anderer Orten zu jhnen.

Den 24 hat der H. Orator den Capitän Bascha/ auff seiner Galeen zu Besicktas besucht/ vnnd damals ein Polnischen München/ so auff ein Maone deputirt gewesen/ erledigt/ welcher sonst auff diese Reiß gangen/ dann mir nachmals von Constantinopel auß durch deß Türckischen Käysers gefangenen einen nacher Wien geschrieben worden/ als er Capitän Bascha mit solcher Armada nicht fern von der Jnsel Corvu, den Venetianern gehörig/ ein Fortun antroffen/ gedachte Maone, zusampt dreyzehen Galeern vnnd Galleonen/ mit allen Kriegsleuten/ Gefangenen vnd Munition zu grund gangen/ die andern hin vnd wider verworffen/ dahero die Gefangene auff drey Galeonen sich der Türcken bemächtigt/ selbige nidergehawet/ vnd übern Port geworffen/ nachmals davon vnd auff Alqueno kommen/ item haben fünff Maltheser Galeern zween so der Bascha auff die Jnsel die Stewer zu holen/ geschickt/ antroffen/ vnd zu sampt derselben Gefangenen hinweg geführt.

Herr Orator besucht den Capitän Baschen/ vnd was da bey zugetragen.

Den 25 seynd die Handwercker zu Constantinopel/ jährlichem gebrauch nach/ in die funfftzig nach vnd nach stattlich in jhren Wehren auff: vnd in deß Käysers Sarai zogen/ daselbst ihm jedes die offentlich vorher tragene vnd ihrem Handwerck gemeße Præsenten, übergeben lassen/ so folgends sampt

Auffzug etlicher Handwercker.

Anno 1617.
MAJUS. samptlich mit grossem schiessen/ vor vnser Losament wider anheimbs passirt.

Procession zu Gallata. Auff dito als am Fronleichnams tag/ haben die Franciscaner im selbigen Closter zu Gallata/ ein stattliche Procession gehalten.

Der Türckisch Käyser reit zum Gebet. Den 28 ist der Türckische Käyser wider zum Gebet: vnd in Sultan Amurats Kirchen/ mit grossem Pracht für vnser Hauß geritten.

Herr Orator wil Roß besehen/ vnd was seinem Cämmerling darüber begegnet. Den 29 fuhre der Herr Orator mit etlich Cavalierern nacher Scutari, daselbst die Arabisch vnd Barbarische Roß/ so dem Türckischen Käyser jährlich herauß geschickt werden vnd ankommen waren/ zubesehen/ befahle also seinem Cämmerling Adam Besserer/ voran zu gehen/ vnnd wo solche stehen/ zuerkundigen/ ihm begegnet ein Türck/ welchen er deßwegen befraget/ dieser erbotte sich das Ort zu weisen/ führte also den Cämmerling/ lang vmbher/ vnnd letzlich inn ein eng Gäßlein/ daß er niemand hören oder sehen kondte/ da vermerckt der Cämmerling wo die Sachen hinauß lauffen/ vnd daß es vmb sein Haut zu thun sein möchte/ derowegen er wider zu ruck gehen: welches aber der Türck nicht gestatten: sondern ihn mit gewalt fortreissen wolt: Weiln er sich nun wegen angehabter Mantee/ vnd das der Türck jhn dabey nach vortheil gefaßt/ nicht wol wehren kundte/ über das auch kein Messer oder anders/ so zur defension zugebrauchen/ gehabt/ fieng in Türckischer Sprach (welcher er neben andern erfahren/ dann derselbe etlich Jahr eines Türcken Gefangener zu Griechischen Weissenburg gewesen/ vnd in jüngstem Nider-Vngarischen Feldzug/ durch sonderbare gebrauchte Practic/ vnd nicht geringe Lebensgefahr/ sich mit der Flucht salvirt) zuschreyen/ ob also mit deß Käysers Pottschaffters Leuten verfahren werde/ vnnd niemand vorhanden/ so sich ihrer annehm oder der Gerechtigkeit beystehe/ ꝛc. Dieses erhöret.
ein an-

Constantinopolit. Reiß.　　　81

ein anderer Türck in seinem Hauß/ sahe durch ein Gitter her- *Anno 1617.*
ab vnnd vername wie die Sachen beschaffen/ schalte derowe- *MAJUS.*
gen auff solchen Türcken/ mit betrohen/ er wolte kommen vnd
ihn den Weg lernen weisen: Als derselbe dieses gehört/ ließ
er den Cämmerling alsbald fahren vnnd lieffe darvon/ der
Cämmerling aber bedanckt sich gegen seinem dißfalls Erlö-
ser/ wie billich/ fleissig/ kame nachmals wider zum H. Ora-
torn, referirt demselben/ was ihme begegnet.

 Ist sich also wol für zu sehen/ dann wann dieser Türck　Außländi-
(welches aber vom zwaintzigsten nicht beschehen) nicht: auch　sche Christ
der Cämmerling zugleich der Sprachen vnerfahren gewesen/　habī sich in
wer er ohn zwiffel verdußcht/ nachmals auff ein Galeen oder　der Türcken
sonsten verkaufft/ vnd vielleicht die Zeit seines Lebens als ein　vorzusehen.
Sclav gehalten worden/ dann der orten die Außländische
Christen/ sonderlich da einer oder zween allein: auch etwa
was anders nachgehen vnd sich verführen lassen/ leichtlich
verzuckt werden/ wie dann die Ruffianerin/ wann sie ein sol-
che vnd schöne Person ersehen/ dieselbe zu sich zubringen/ alle
mittel vnd weg suchen/ vnd hernacher gegen den Türckischen
Weibern/ verkuppeln/ welche sie/ so lang es ihnen beliebt/ be-
halten/ nachmals: auch bißweilen also fortschaffen/ daß die-
selbe nicht mehr gesehen werden.

 Sonsten wann ein Christ ein Türckin beschlefft/ darüber　Mittel dar
erwischt/ vnnd dessen überzeugt würd/ hat er ohne mittel das　durch ein
Leben verwirckt/ in welchen vnd fast all andern das Leben be-　Christ das
treffenden Fällen/ doch die Türcken einem Christen frey stel-　Leben behal
len/ ob er lieber sterben oder zum Musulman vnd Rechtglau-　ten kan.
bigen werden woll/ da er nun das letzere erwehlt/ würd ihm
das Leben wider geschenckt.

 Den 8 Junij hat der Türckisch Käyser an seiner new er-　*JUNIUS.*
bauten Kirchen/ oben am Gewelb derselben/ den letzten Stein　Türckische
gelegt/ nachmals vor denen darbey auffgeschlagenen Ge-　Käiser legt
　　　　　　　　　　L　　　　　　　zellten/　den leyten
　　　　　　　　　　　　　　　　　　　　　Stein au

Anno 1617.
JUNIUS
seiner erbau-
ten Kirchen/
vnnd was
deßwegen
zugedenck.

zellten/ den Vezieren/Baschen/Beegen/Aglar/Zauschen/ꝛc: vnnd andern (welche doch allesampt/ mit einm Wort/ seine Schlaven oder leibeigene Knecht seynd) etlich hundert Caphiten außtheilen/ ihme die Hand vnd den Rock küssen/ auch sonsten forben/ so wir nach Griechischer Sprach Allmosen nennen/ den Armen vnnd Dürfftigen reichlich geben lassen/ dabey sich ein grosse meng Volcks/ auch der H. Orator, neben dem Frantzösischen/Englischen/Venetianischen vnd Niderländischen Pottschaffter/ inn einem gegen über ligenden/ von Imahim Bascha erbautem grossen Sarai, befunden vnd zugesehen: Jetzterzehlte Pottschaffter/ wie auch andere vorneme Türcken/ haben dem brauch nach/ viel stück Sammet vnd Atlas verehrt/ welche für dißmalen zwischen die vier erbawte Kirchthürn/ zusehen/ gehengt/ hernacher aber inn die Kirchen verschafft worden.

Diese Kirchen hat er neben den Ath-meydam, den grossen Renn=oder Dummelplatz bawen: Anno 1609 anfangen: darzu das daselbstgestandene Sarai vnd Thierhauß einreissen lassen/ haben seithero täglichs über die 1000 Menschen daran gearbeitet/ die Kirch ist allerdings fertig/ mit einem Imaret, Medressa vnd etlichen Münchszellen: als einer Maurn lustig vmbfangen/ so aber in zwey Jahren noch nicht außgebawet: vnd ein solch Gebew werden: dergleichen nicht zu finden seyn soll/ welches die jenigen so es gesehen/ inn solchem werth gerne passieren lassen werden.

Hieneben kan ich ein gewonheit zusetzen nicht vnterlassen/ daß nemblich kein Kayser ein Tempel bawen kan/ er habe dann zuvor von den Christen ein Land gewonnen/ vnnd zu demselben so viel einkommens gestifft/ daß eins vnd das ander darvon erhalten werden kan/ von jetzigem Kayser ist zwar nit beschehen gewesen/ hat aber vom Muffti deßwegen dispensation dergestalt erlanget/ daß er inmittels biß zu verfertigung
solchen

Constantinopolit. Reyß.

solchen bawes/ daſſelbe gleichfals thun ſolle/ wie an Sieben-
bürgen beſchehen/ von denen einkommen/ wie ich bericht wor-
den/ ein deputat gemacht werden ſoll.

 Den 10 haben wir beym Türckischen Käyser die dritte
vnnd letzte Audientz gehabt/ ist wie bey der erſten zugangen/
auch ein Panckec gehalten worden.

 Den 11 hat beym Türckischen Käyser der Grand-Ve-
zier Audientz gehabt/ vnnd ihme/ dem brauch nach/ den
Haupt- vnd Hoffahnen überantwortet/ zugleich den Sabel
wider den Perſianer zuführen angegürtt/ auch gegen demſel-
ben mit dem Kriegsvolck vnverzüglich fortzuziehen anbe-
fohlen.

 Den 12 iſt jetzgedachter Grand-Vezier, mit einem ſtatt-
lichen Kriegsvolck zu Roß vnd Fuß/ durch der Zichifutla-
capi oder Judenthor/ biß ans Meer begleit worden/ daſelb-
ſten er auff ein Galern geſeſſen/ vnnd mit groſſem ſchieſſen/
geſchrey/ Trommeln vnd Pfeiffen/ auff Scutari ein Dorff/
ſo gegen über ligent/ gefahren/ vnd oberhalb demſelben/ am
Propontiſchen Meer vnd darbey gelegenem groſſen luſtigen
Thal/ inn dem geſchlagenen Läger vnnd Zellten ſich nider-
gelaſſen.

 Den 13 hat der H. Orator mit ſeinen Cavalier vnnd
Dienern/ ihne daſelbſt beſucht/ allda wir dann ein ſchönes Lä-
ger vnnd viel Kriegsvolck geſehen. Damals hat auch er
Grand-Vezier dem H. Oratorn, vnnd etlich andern der
ſeinigen/ Caphten verehren laſſen/ benebens vnter gehabtem
geſpräch vermelt/ er wolle entweder mit Gottes Hülff/ dem
Kiſul-Baſcha obſiegen/ oder darüber ſein Haupt dahinden
laſſen/ vnd alſo ſeine grawe Haar/ die er niemals mit einigem
Schandflecken bemackelt: vollends ehr- vnd rühmlich vnter
die Erden bringen. Nach dieſem iſt der H. Orator wider zu
ruck; durch den Bosphorum ein Stund zur rechten Hand

     L ij   hinauff

Anno 1617.
JUNIUS

*Dritte Au-
dientz beym
Türckiſchen
Käyſer.*

*Grand-Ve-
zier hat
beym Tür-
ckiſchen Käy-
ſer Audientz*

*Grand-Ve-
zier, raiſt
von Con-
ſtantinopel.*

*Nota,
hat das Gu-
bernament
nach ſeinem
auffbruch
noch 10 tag
bey der Por-
ten.*

Anno 1617
JUNIUS

hinauff zu dem maſulirten Mehemet Baſcha/ iſt ſein hart daran erbawtes luſtiges Pallatium gefahren/ vnnd jhne daſelbſt beſucht.

Erklärung deß Worts Kiſul-Baſcha.

Mit obgemeltem Namen Kiſul-Baſcha, nennen die Türcken zu vermeintem ſondern Spot/ den Perſianer/ welches Wort ein Haupt vnd vorſteher der Rotköpff bedeut/ dieweiln ſie an ſtatt der Türckiſchen Tulpant/ jhre Köpff mit roten Hauben bedecken/ welche von Wollen gemacht/ dahero werdens auch Sophi vnd Sophilar genandt/ ſo aber nicht/ wie etlichen träumet/ vom Griechiſchen Wort Sophos, dardurch ein weiſer Mann verſtanden würd/ ſondern vom Arabiſchen Sophi ſein Vrſprung/ welches inn ſolcher Sprach Wolle heiſt/ davon obgedachte Hauben gemacht werden.

Herr Orator fährt zur columna Pompeij.

Den 21 iſt der Herr Orator, mit theils Cavalier vnnd Dienern/ auch nachmals mehrertheil der andern/ zur columna Pompeij, derer anderſtwo gedacht/ gefahren.

Oſmiſcher Baſcha bricht zu Conſtantinopel auff.

Den 26 iſt Nackas Haſſan Baſcha, nach Ofen zu raiſen/ von Conſtantinopel auffbrochen/ vnnd mit einer anſehentlichen Cavalleria für vnſer Hauß marchirt, im fürüberziehen hat der H. Orator vnter vnſerm Thor/ ſein Trommeter blaſen: vnnd darein die Heerpaucken ſchlagen laſſen/ welcher ein halbe meil wegs von der Stadt/ bey einem luſtigen Garten etliche Gezelt auffſchlagen laſſen/ dabey er etlich Tag verblieben.

Herr Orator hat den Oſmiſchen Baſcha beſucht.

Den 29 iſt der H. Orator mit etlich Cavalier vnd Dienern hinauß gefahren/ vnd jhne daſelbſt beſucht/ welcher vns ſein Capizi-aga, einen verſuchten friſchen Soldaten/ neben einem Zauſchen/ vnnd ſonſten in die zehen Perſonen zu Roß zur conſoji hinterlaſſen.

JULIUS.
Türckiſcher Käyſer läſt H. Oratorn ein Roß verehren.

Den 6 Julij iſt dem H. Oratorn im Namen deß Türckiſchen Käyſers ein ſchön Myſiriſch Roß/ ſchwartz von Haaren verehrt worden.

Den 8

Constantinopolit. Reiß. 85

Den 8 fuhre der H. Orator mit wenig Cavalier vnnd *Anno 1617.* Dienern auff dem weissen Meer/ zu dem inn Persia rucketen *Julius.* Grand-Vezier/ erreichte denselben bey Justla/ einem Dorff am Meer ligent/ allda er seine Sachen völlig expedirt/ vnd *Herr Orator reist zum Grand-Vezier.* jhme Grand-Vezier zween schöne Hund/ so zum Wachtelfangen vnd anderm Federwerck trefflich abgericht vnnd gut waren/ auch deßwegen vom H. Oratorn allzeit hoch gehalten worden/ verehrt/ die jhme sehr angenehm gewesen/ kame hernacher den 9 abends wider anheimbs.

Diese Tag über hat der H. Orator bey hievorgedachten *H. Orator nimbt Abschied vnd Vrlaub.* Pottschafftern Muffti, Caymecam, Veziren vnnd Baschen: Auch sie hingegen von jhm freundlichen Abschied vnd Vrlaub genommen.

Beschreibung der Stadt Constantinopel/ vnnd derselben vornembsten Gebäw.

Constantinopel/ so zuvor Byzantium geheissen vom Käyser Constantino Magno Anno 336 wider erbawet/ vnd nach jhm also: von jetzigen Griechen aber Stym-polis vnd den Türcken Srambulda: auch sonsten die Oßmannische Porten genandt/ ist von obiger zeit an/ die Haupt= vnd berühmste Stadt Orients: auch so lang dieselbe in der Christen Hand: selbigen Reichs Stul gewesen/ ligt in einer lustig fruchtbaren gegne/ zu ende Europæ oder Lands Traciæ vnd Romaniæ, in zusammenstossung hievor: vnnd nachgedachter zweyer: deß schwartz vnd weissen Meers: welche Europam von Asia scheiden/ fast dreyeckigt/ zu Wasser *Constantinopel ist fast dreyeckigt.* mit einer hohen starcken: zu Land aber dreyfachen Mauren vnd Zwingern: auch einem Graben vmbfangen/ derer cir-

L iij cumfe-

Anderer Theil

Anno 1617.
Julius.
Constantinopel hat fünffthalb Teutscher Meil im umbfang.
Das erste Eck der Stadt.

cumferentz / achtzehen Griechisch oder Welsche: welche Fünffthalbe Teutsche Meilen machen: Das erste oder eusserste Eck der Stat / ligt was hoch / darunter fellt der Bosphorus (dene die Türcken Bogatzi, die Griechen aber Cosmos [das ist ein Keel oder enge Straß / dardurch das Euxinische Meer tringt] vnd die vnserigen wegen einer dabey gelegenen Kirchen S. Georgen Arm nennen) mit einer zimblichen vngestüm / in das Propontisch Meer.

Von diesem biß zum andern Eck / der fünff Thürnen / ist fünff Welsch oder fünff viertel Teutscher Meiln / vnd die mitnächtig Seiten / zwischen dem vnnd gegen über ligender Stadt Gallata / ein Arm deß Propontischen Meers / hinein zu Land tringt / so man sinum cornutum nennt / weiln er gleich wie ein Hirschgewephe / mit seinen Zancken / das Vfer zu beeden seiten ergreifft vnnd fasset / erstreckt sich mit seinem vmbkreiß / in die zwaintzig Welsch oder fünff Teutsche Meilen / macht einen schönen inn aller Welt berühmten: vnnd zu beeden seiten / sehr bequemen Port oder anlendung der Schiff / so von vilen Landen da ankommen / also daß kein Schiff oder Galern so groß vnnd schwer / welches nicht gnugsamb tieff Wasser finde / von einem gestadt ans ander / biß an beeder Stadt Mauren zu kommen / auch hat es allda der kleinen Schifflein / die man ins gemein peramx (welches Wort überfahren bedeut) nennt / etlich tausend vnnd wie die erfahrne wollen / mehr als zu Venedig der Gandole / in welchen ansehlich viel Volck / all Augenblick über diesen Sinum vnnd den Bosphorum: auch sonsten hin vnd wider fehrt.

Zu Anfang obangeregten Ersten Ecks ausserhalb der Stadt vnd Schloßmauren / neben dem Vfer hinauff / ligen inn die dreissig Stück auff Rädern / ferners über die Stadtmauren hinauß ein zimbliche Vorstadt.

Das ander Eck.

Beym Eck der fünff Thürnen / sehet die Landmaur oder terra

Constantinopolit. Reiß. 87

terra firma am/ welche sich biß zum Eck der Sieben Thür- *Anno 1597*
nen/ auff sechs Welsch oder anderthalb Teutsche Meil er- *JULIUS*
streckt/ vnd ligt diese seiten gegen Nidergang/ da man zu Land
in Traciam, Macedoniam vnd gantz Griechenland reist.

 Das dritte Eck der siben Thürnen/ tringt hinein in das *Das dritte*
Propontisch Meer/ welches hart an der Stadtmauren/ die *Eck.*
mittägig Seiten sieben Welsch oder sieben viertel Teutscher
Meiln hinab biß wider zum ersten Orientalischen Eck gehet/
drauff das Geni-Sarai oder Newschloß/ der Türckische Käy- *Osmanni-*
ser dritte Residentz: Wohnung vnd Hoflager/ die Osman- *sche Port.*
nische Capi oder Porten genandt/ welche neben dem Meer
von der Stadt; innwendig aber/ einer fast gerad über zwerg
durch dieselbe gehende Mauren/ bey drey Welsch oder drey
viertel Teutscher Meiln/ zusampt denen darinn Meerwerts
gelegenen schönen Gärten vnnd erbauten Lusthäusern/ vmb-
fangen.

 Die Stadt begreifft in sich sieben Berg/ auff deren jeden *Siben berg*
ein Käyserlicher Tempel/ vnnd darbey Spital- Schul- vnnd *in der stadt.*
Münchs zellen erbawet/ vnter denen/ sonderlich der: vor dem
Käyserlichen Schloß ligender grosse/ auffs herr- vnd köstlichst
erbauter Tempel S. Sophia, von Griechen Hagia Sophia,
den Türcken aber Aja Sophia, oder zur H. Weißheit genandt *Tempel S.*
hoch berühmt/ wie es dann in warheit noch ein schauwür- *Sophia.*
diges Gebäw/ darinn stehen in die achtzig schöne marmolstei-
ne mehrertheils zweyklaffterige Seulen/ von dergleichen stei-
nen/ auch der gantze Tempel inwendig: vnd mit schönen ge-
mälden/ von Golt vnd andern Farben/ auff die Mosaische
art geziert ist/ welche gleichwol die Türcken mit weiß vnd son-
sten überstrichen/ dann sie kein Gemäld oder Bildnuß in Kir-
chen leiden/ sagen/ man soll Gott/ der Himmel vnd Erden er-
schaffen/ allein anbeten/ vnd nicht die Bilder oder Gemeld/
welche weder sehen noch hören/ weniger ein Leben gaben. Die
Porten

Anno 1617.
JULIUS.

Porten seynd von lauterm Corintischen Ertz vnnd kunstreich gemacht/ vnnd ist wol zu glauben/ daß solches/ da es noch in der Christen Handen gewesen/ für das kunstreichste/ köstlichste vnd vollkommenlichste Gebäw/ nicht allein in Orient/ sondern in der gantzen Welt gerühmt hat werden mögen/ welche zusampt der Geistlichen Häuser/ ein Meil Wegs im vmbfang/ vnd drey mal hundert tausend Ducaten Intrada gehabt haben soll.

Hat 300000 Ducaten jährlich einkommen gehabt.

Ausserhalb darbey gegen Nidergang seynd drey schöne grosse/ von Marmolstein erbaute Cappeln/ in welchen drey Türckische Käyser/ sampt jhren Kindern/ begraben ligen.

Drey schöne Cappeln.

Etwas weiters herauß ist das Käyserliche Thierhauß/ darinn fast allerley seltzame Thier zu sehen.

Käyserlich Thierhauß.

Item fünff vorneme Columnæ oder auffgerichte Seulen/ deren drey auff dem grossen Renn- oder Tummelplatz/ so die Türcken Ath-meydam, die Griechen aber Hyppodromo heissen/ da auch täglich allerley Schauspiel gehalten werden.

Fünff Columnæ.

1. Die erst ist ein Pyramis, oder zugespitzte/ von vnten auff viereckigte Seulen/ auff einem viereckigten grossen Marmolstein/ daran vmb vnd vmb allerley Bildnuß eingehawen/ vnnd vier messingen Würffeln stehent/ von einem glatten Stein bey viertzig Elen hoch/ vnd vnten vier Elen dick auffgericht.

2. Die ander sind drey von Ertz gegossene/ von vnten auff/ in einander gewundene vnd grad übersich fahrende Schlangen/ welche zu oberst/ ihre Hälß vnd Köpff/ von einander auff drey seiten strecken/ hoch vnd bey einer Klaffter dick.

3. Die dritt ist viereckigt/ allein von rawen Steinen auffeinander gesetzt/ vnd nicht gemaurt/ daß sich ob derer langen bestandt höchlich zuverwundern/ ist höher als die Pyramis.

Die

Die vierd stehet gleich vnserm Losament/ dem Teutschen Hauß über/ ist sehr hoch vnd rund/ von roten Marmolsteinen überauß künstlich auffgeführt; Dann erstlich von solchen Steinen ein starckes Fundament/ darauff acht Stein über einander/ vnd so gesetzt/ daß allezeit zwischen den Absätzen/ ein LorbeerCrantz/ von dergleichen Steinen gehauen herumb gehet/ also daß es ein einiger Stein seyn/ sihet; zu obrist ist noch ein weisser marmolsteiner Absatz/ darumb ein Griechische Schrifft gehauen/ auff welcher Käyser Constantini Bildnuß gestanden seyn soll/ diese Seulen ist wegen viel erlittener Erdbiedem/ vnnd darumb gehabten grossen Fewersbrunsten theils Orten zergloben/ vñ mit grossen eisenen Reiffen eingefast.

Anno 1617. JULIUS.
4

Die fünfft ist auff dem Aurat-basar oder Weibermarck/ auch sehr hoch vnnd rund/ von weissem Marmolstein auffgeführt/ daran von vnten biß zu obrist/ ein Expedition Käysers Arcadii, welcher sie auffrichten lassen/ zierlich eingehauen/ hat inwendig Schnecken/ daß man dardurch oben hinauff kommen kan.

5

Fast in mitte der Stadt/ ligt das Elchi-Sarai oder alt Schloß/ mit einer hohen Maurn weitleufftig vmbfangen/ darinnen wohnet deß Türckischen Käysers Frawenzimmer/ so allein von Eunuchis (welches weiß vnd schwartze Mören/ denen alles hinweg geschnitten/ daß sie auch wann solche urinam reddiren wollen/ ein silbern darzu gemachtes Röhrlein/ brauchen müssen) verwacht/ auch wann selbiges außfahren thut (so selten vnnd alles verdeckt beschicht) von jhnen neben her zu Roß begleit würdt.

Alt Schloß rund wer darinnen.

Dieser Eunuchi seynd über die hundert/ werden nachmals im Käys. Sarai vnd sonsten zu den vornembsten Empter gezogen/ wie dann kurtz vor vnserer ankunfft zu Constantinopel/ einer derselben Mehemer genannt/ Caymecam

M oder

Ander Theil

Anno 1617. Julius. oder Stadthalter gewesen/ wie auch andere vorneme Türcken/ allein dergleichen Moren/ zu verhüttung ihres Frawenzimmers brauchen.

Platz da allerley Kurtzweil zusehen. Nechst darbey ist der Platz oder Marck von Türcken Ja-Atal-cala: vnnd wegen der daselbst viel habender hültzener Edden also genandt/ darauff wie auch andern mehr Orten/ werden täglichs allerley Kurtzweil von Ringern/ Springern/ec. auch mit vielerley Thieren, Gauckelspiel geübt vnd getrieben/ dann die Türcken all dergleichen sachen auff freyen Plätzen/ daß männiglich sehen kan/ verrichten/ da dann jedem frey stehet/ deßwegen etwas zu geben oder nicht.

Schießheuser. Allda seynd auch etliche Häuser/in welchen die Türcken/ mit Bogen vnd Pflitzpfeil schiessen vnd sich üben.

Schloß zun siben Thürnen. Das hievorgedachte Schloß zun sieben Thürnen/ wurd wegen derselben also/ vnd von Türcken Jetti-gula, vnd den jenigen Griechen die derselben alten Sprach noch etwas kundig/ Hepta-pyrgon, sonsten aber vom gemeinen Mann/ mit einem halb Griechisch-vnd halb Türckischen Namen Hepta-gulades genandt/ ist sehr vest/ mit einer hohen Mauren vnnd angedeuten siben starcken Thürnen vmbfangen/ darinnen würd der Türckischen Käyser Schatz: auch bißweiln hohe Haupter gefänglich enthalten/ vnnd täglichs von einer starcken Guardi der Janitscharen verwacht.

Wesenstein oder Kauffhauß. Der Wesenstein oder Kauffhauß ist groß/ vnnd wol erbawet/ darinnen von Perlen/ Edelgestein/ Gold/ Silber/ Sammet/ Seiden vnd köstlichen Gefüll/ec. ein vngläubiger Schatz.

Christenmarck. Ausserhalb desselben ist der Christenmarckt Jasi-basar genandt/ dahin täglich etlich hundert Christen/ Jung vnnd Alt/ Mann-vnd Weibspersonen/ geführt/ allenthalben wie das Viehe begriffen/ bloß besehen/ vnnd verkaufft werden/ mit

Constantinopolit. Reyß.   91

Anno 1617.
JULIUS.

mit denen einer nachmals/ als einem erkaufftem vnd eigenem Gut/ seines gefallens handelt vnd vmbgehet.

Es hat auch sonsten viel vornemer Plätz oder Märckt vnd Gassen/ darauff allerley sachen vnd gemeinglich einerley sachen beysammen feyl zufinden vnd sein accommodirt.

Deß Constantinopolitanischen Patriarchen Hauß/ ligt nicht weit von den fünff Thürnen/ dabey auch ein Kirchen/ beedes zimblich erbawet.

Constantinopolitanischen Patriarchi Hauß

Die Häuser der Stadt/ ausser was der Baschen vnnd anderer vornemer Türcken Sarai vnd Palläst/ seynd ins gemein nichts sonders/ ihrem brauch nach/ erbawet/ vnnd hanget alles aneinander.

Schlechte Häuser der Türcken.

Deß Kunstreichen vnd mit mächtigen kosten erbauten Aquæducts, ist hievor gedacht/ vnnd seynd die Bronnen in der Stadt/ gemeinglich an steinern Wänden lustig auffgeführt vnnd erbawet/ welche man durch die darinn habende Hahnen/ nach belieben/ lauffen lassen kan/ darunter ist der bey S. Sophia sehr berühmt vnnd frisch/ wird auch in viel Ort der Stadt/ in Schleuchen oder ledernen Säcken auff Rossen geführt: Auch gibt es viel gestiffte Bronnen/ so die Baschen vnd vorneme Türcken ausserhalb ihrer Begräbnussen/ welches schöne Capellen/ die sie gemeinglich an die Ort/ da viel Volcks fürüber gehet/ bawen/ ist ein lustig Gewölb/ mit Gittern verwahrt/ darinn ein Bron vnd täglichs ein Mann/ der in vielen irrdenen Geschirren frisch Wasser herauß setzet/ item tragen etliche dergleichen Wasser/ inn grossen Schleuchen/ daran vornen Hahnen/ vnter den Achseln/ hin vnd wider in der Stadt/ geben davon wers begert/ in schönen Messingen inwendig mit vielen gläntzenden Steinlen besetzten Schalen zu trincken/ welches an denen orten sehr bequem/ vnd von obigen Personen zu einer Gutthat/ vnd ihrer dabey zugedencken/ gestifft.

Aquæduct, vnd wie die Bronnen erbauet.

Bey S. Sophia ist der beste Bron.

Beschaffenheit der gestifften Bronnen.

N ij   Son-

Anno 1617.
JULIUS.
Beschreibung der Stadt Constantinopel.

Sonsten soll es zu Constantinopel/in die tausend Haupt= auch anderer schöner Kirchen vnd Capellen haben/ item etlich hundert Bäder Caravan-sarajen, Imaret, Timar-han, (darinn die arme vnnd preßhaffte Personen vmb Gottes willen/ erhalten vnd curirt werden) Kopmüllen (dann allda kein andere) Jahrfuchen/ Scherckheuser vnd anders/rc. In summa/ sie ist ein grosse/ inn aller Welt berühmte/ volckreiche/ zu Wasser vnd Land wolgelegne vnnd vorneme Handelsstadt/ allda vieler Länder Potschaffter vnnd allerley Nationes, welche meisten theils grosse Gewerb vnnd Kauffmanschaffte treiben/ auch in die 70000 Juden (die gleichfalls sonsten in allen Türckischen Städten wohnen/ vnd die vornembste Handthierung vnd Wechsel in gantz Orient haben) zufinden: Sie ist von Sultan Mahumet/ dem andern diß Namens vnnd neunten Oßmannischen Geschlechts/ als er sie zu Wasser vnd Land/ mit einem mächtigen Kriegsvolck/ funfftzig Tag vnd Nacht belegert/ beschossen vnd gestürmt/ vnnd eben wider vnter einem Constantino (der beeden Mutter Helenæ geheissen) in vorgenommener Achten expedition, vnter welchem die ander sieben Jahr continuirt worden/ in Anno 1453 erobert/ nach dem dieselbe 1117 Jahr von den Christen vnnd Orientalischen Käysern/ bewohnt gewesen.

Weiln ich jetzo die Stadt Constantinopel/ vnd derselben vornembsten Oerter/ angefangenem brauch nach/ beschrieben/ vnd hiebevor der Columna Pompeii neben anderm gedacht/ als wil ich durch den Bosphorum an der Asiatischen seiten hinauff: in pontum Euxinum: zu derselben; nachmals an dem Europischen Vfer wider herab: in sinum cornucum: vnd biß zu dessen ende fahren/ benebens was allenthalben denckwürdiges zusehen/ entwerffen/ In hoffnung der sachen liebhabere solches gerne lesen/ vnnd weiln es etwas zu erklä=

erklärung hierinn gedachter ort dienlich/ diß orts paſſieren laſſen werden.

Beſchreibung der Reiß von Conſtantinopel biß zur Columna Pompeii, durch den Boſphorum.

JN Beſchreibung Conſtantinopel iſt vermeldt/ daß ſich der Boſphorus oder S. Georgen Arm/ bey dem erſten vnd Orientaliſchen Eck der Statt in das Propontiſch Meer ſtürtze/ allda fahr ich über vnd neben einem im Meer gelegenen Thurn/ ſo auff einen kleinē vom Meer etwas überfloſſenen Felſſen erbawet/ den die Griechen vnd Welſchen ins gemein/ La Toere di Scutari (weiln er über hundert ſchrit nicht darvon) die Türcken aber Kiſ-gula oder Jungfrawthurn nennen/ iſt mit einer Mauren vmbfangen/ vnd darinn ein ſehr tieffer in Felſſen gehauener Bronn/ der ſüß vnd friſch Waſſer hat/ oben auff dem Thurn vnd innerthalb der Mauren ſtehen bey zehen Stücklein/ von danneu kom ich an das Aſiatiſch Vfer/ vnd das daran ligende Dorff Scutari, da vor dieſem Calcedon gelegen neben dem an ſolchem Vfer/ vnd denen daran erbauten ſchönen Luſt- vnd andern Häuſern/ Meſchiten vnd Gärten/ ein Stundt hinauff zu einem alten theils zerfallenen Schloß/ von Türcken Anatolis chiſar, oder Aſiatiſch Schloß/ den Griechen aber Anarolis caſtellion genandt/ welches Sultan Suliman neben einem andern gerad dagegen über am Europiſchen Vfer ligenden/ vnd darumb erbauet/ damit er ſo wol in Europam als Aſiam/ für vnnd für einen freyen Paß haben: hingegen den vnſerigen denſelben ſperren: vnd dardurch wegen eroberung Conſtantinopel ein vortheil haben möcht/ folgends für etliche alte Gemeur vnnd Tempel fürüber/ hinein ins Maul

Jungfraw-thurn.

Scutari.

Aſiatiſch Schloß.

Os ponti.

Anno 1617.
JULIUS.

Insula Cya-nea.

deß schwartzen Meers/ oder Ponti Euxini, allda aber/ was dem Europischen Vfer zu/ ligen zwo Klippen/ von natürlichen Felssen/ welche man Inseln nennet/ nicht daß sie groß/ sondern vom Meer vmbflossen/ vnd Cyaneas, das ist himmelblaw/ weiln sie von weitem ein solche Farb zu haben scheinen/ wie auch Symplegades vnd planeas, vom zusammenstossen vnnd lauffen/ dardurch denen/ so sie von fern sehen/ fürkompt/ als wann dieselbe nicht allein einander anrühreten/ sondern auch von einander weichten/ vnnd hernacher wider zusammen stossen/ als wann es nur ein Klippen/ wie wir dann selbst begegnet/ da ich an der ersten wegen der gehe/ vnd gleich dem daran praussenden Meer/ nicht getrawet hinauff zuglebern/ die ander bestiegen/ vnnd dem ansehen nach vermeynt/ davon gar wol hinüber zu kommen/ aber nicht thun können/ sondern an der ersten fortsetzen müssen/ vnnd diß/ wie ich bericht worden/ auch auß der Namen Außlegung erscheinet/ seynd eben die Inseln/ welche der Herr von Bußbeck für ein Märlein gehalten/ oder je laugnet/ daß jhme sey müglich gewesen/ sie zu finden/ als wann solche anderstwo hingetrieben: Auff der grossen vnd einem Heidnischen Altar (darinn neben andern eingehawenen sachen/ auch deß Käysers Augusti Spingem, die er an statt einer Impressa pflegt zugebrauchen/ mit Römischen nunmehr vnleßlichen Buchstaben noch was zusehen) stehet ein runde weisse marmelsteine/ zimblich hohe Seulen/ welche von Griechen/ Welschen vnnd ins gemein/ Columna Pompeo, als der es auffrichten lassen sollen/ genandt würdt. An obgedachtem Vfer auff der höhe ligt ein Dorff/ darbey zuforderst ein hoher starcker von stein eckct erbauter Thurn/ welchen die Innwohner Phanarion ein Leuchte oder Lucern heissen/ dann es zu obrist vill vnnd vmb mit hohen eingemaurten Fenstern von grossen Scheuben verwahrt/ in der mitte stehet ein groß runde eysene

Columna Pompeii.

Phanarion.

Blat

Constantinopolit. Reiß.   95

Blatten/ bey vier Finger tieff/ vnnd über zwerg ein klaffter *Anno 1617.* breit/ mit vielen ecken/ darein werden Zachen/ vnd in die Blat- *Julius.* ten Oel gethan/ bey nacht angezündet/ welches die Schiff= leut sehr weit sehen/ sich darnach richten/ vnnd also vor dem nächtlichen gefährlichen einfahren deß engen Meerschlunds hüten.

Anjetzo seynd wir in die zwey vnd dreissig Wellisch: oder acht Teutsche Meil hinauff: an das zubeschreiben versprochene Ort kommen/ fahren solchem nach am Europischen Vfer neben etlichen daran gelegenen Dörffern herab/ vnd er= langen das Jeni: oder Rumili-chisar, das New: oder Ro= *Schwartze* manisch Schloß/ von den Griechen Neo-castron, auch son= *Thürn.* sten von den Occidentischen Christẽ/ sonderlich vnsern Teut= schen die schwartze Thürnen (welches die Türcken durch jhr wort Cara-gula geben) genandt/ so am Vfer überauß vest/ Bergwerts erbauet/ mit einer doppelten sehr dicken Mauren vmbfangen/ darinnen drey grosse vnd starcke/ runde mit Pley bedeckte Thürn/ derer zween vnten beym Vfer/ darauß man auff erforderten fall/ mit dem Geschütz/ so wol die fürsah=ende Schiff antasten/ als sich sonsten defendieren kan: der drit= te ligt oben am Eck/ dem schwartzẽ Meer zu/ halb in der Mau= ren/ ist groß vnd sehr erschröcklich für die Gefangene/ so gros= ses herkommens/ dann die einmal darein gesperrt werden/ ha= ben jhrer erledigung halber ein vngewisse Hoffnung/ dieses Schloß ist ein grosse Teutsche Meil wegs von Constantino= pel gelegen/ darinnen in vnserer ankunfft zu erstgedachtem Constantinopel neben andern Gefangenen/ auch zween inn eysene Band geschmiedte vorneme Polnische Herren gewesen/ der ein war ein Budossocki/ der ander ein Zurecksocki; der Bu= doffocki ist Herrn Gratiano geschenckt worden/ welcher jhn rantionirt/ vnd erst nach erlegung einer grossen summa Gelts/ ledig gelassen/ deß andern hat sich der H. Orator angenom=
men/

Anno 1612.
JULIUS.

Beschaff.

Wer der Hairadin Bascha gewesen. Sein Begräbnuß.

Viel Geschütz.

Arsenal.

men/ weiln aber damals nichts zuerlangen gewesen/ ist er gleichwohl nach vnserm wegreisen/ vnnd wie man gesagt/ durch deß Frantzösischen Pottschaffters gespielte Practic vnd gethane fürschub/ außgerissen vnd davon: vnd er Pottschaffter deßwegen ein zeitlang in Arest kommen.

Vnter obgedachtem Ort Kumili chisar, ist ein Ort Besictasi oder Wiegenstein genandt/ weiln die Gefangene vñ die Kinder in der Wiegen gemeiniglich daselbst außgesetzt/ vnnd den Vorkauffern verkaufft werden/ allda ligt auch der weitbekandt vnd trefflich Kriegsmann zu Wasser Hairadin Bascha * welcher erst mal nur ein Fischer: nachmals berümbter Corsaro oder Meerrauber/ vnnd letzlich deß Türckischen Käysers General Capitan del Mare, vnd von den Italienern Barba-rossa genandt gewesen/ in einer Meschit/ die er zuvor für seine Begräbnuß bauen lassen/ begraben. Neben der vnd vielen schönen lustig gelegenen Gärten/ Häusern vnd Tempeln/ kompt man bey einer halben Stundt hinab/ da am Vfer in die drithalb hundert schöne stück Geschütz/ darunter sehr grosse: auch neben deselben etliche Mörser/ theils von Christen erobert vnnd auff Plöcken/ mehrtheils aber nur auff der Erden bloß/ alle vnterm freyen Himmel ligen; Oberhalb derselben ist die Topana oder Gießhauß zwar groß/ aber nichts sonders erbawet: Erraiche nachmals Gallata/ fahre darneben biß zu deßelben Stadtmaur: dem Bosphoro zugelegenen Eck/ allda verlasse ich denselben/ vnd komme inn hieoben gedachten Propontischen Arm oder Sinum Cornutum, bey Gallata hinauff: zu deß Türckischen Käysers darhinder vnnd am Vfer ligende Tersar e oder Arsenal, so bey zwey hundert dem Reyen nach erbaute vnd bedeckte Gewölber/ in welchen die Galern außgebessert vnd gemacht: auch diejenige/ so was denckwürdiges verricht ob sie schon nimmer zu gebrauchen/ darunter erhalten werden. Dabey ist die Wannen/

(* Heist einer/ so grau gethan).

uen/ deß Türckischen Käysers Gefangener vnd auff die Ga- *Anno 1617.*
leen deputirter Christen Gefängnuß/ wie ein grosser Stall/ *Julius.*
in deme sie/ wann man mit der Armada wider ankommen/ Wannen
den Winter wie auch sonsten sehr erbärm- vnd elendiglich/ ja
erger als die Hund gehalten: auch inmittels zu allerhand ar-
beit gebraucht: in grosse Eysen vnd Ketten: gemeinglich zween
vnd zween zusammen geschmidt werden/ ꝛc.

Darinnen hab ich auch etlich mal hievorgedachte Per-
sianisch gefangene gesehen/ welche zwar inn eysene Band ge-
schmidt: aber sonsten zu keiner arbeit gebraucht werden/ den-
selben schickt auch der Persianisch Pottschaffter (so damals in
das siebende Jahr zu Constantinopel gleichsamb in einer Cu-
stodi gehalten/ doch jhme vnnd den seinigen alle Tag wegen
deß Türckischen Käysers/ ein überfluß an allerhand Victua-
lien verschafft würd) fast täglich zu essen/ auch andere nohtt-
wendige vnterhaltung.

Uber gedachtem Arsenal sehet deß Türckischen Käysers Wildgar-
Wildgarten an/ in dem etlich schöne Lustheuser: viel Cedern: ten.
Cypreß: vnnd andere Baumen seynd/ komme also nach die-
sem/ zu deß vielgedachten propontischen Arms Ende: da sich Ends deß
die berühmte zwey süsse Wässerlein/ Cytharus vnnd Cam- Propontis-
byses, jetzo Machleva vnd Chartaricon genandt/ hinein schen Arms.
stürtzen.

Beschreibung der Stadt Gallata.

Die Stadt Gallata oder gemeinglich Pera
(welches inn Griechischer Sprach jenseits gelegene
Stadt bedeut) ist von Genouesern erbauet worden/
ligt wie vorgemeldt gegen Constantinopel über/ am andern
Ufer deß darzwischen hineindringenden Propontische Arms/
N.   ist mit-

Ander Theil

Anno 1617. JULIUS.
Zwey Clöster.

ist mit einer Mauren vnd zimblichen begriff vmbfangen/darinnen seynd zwey Clöster/ zun Franciſ. vnnd Dominicanern mit selbigen Ordens: vnd Welschen München besetzt/ ist fast gantz von Christen/ als Griechen: Wellischen vnd andern/ so wegen der Kauffmanschafft allda/ bewohnt; die Vorstadt ist viel grösser den Berg hinauß gebauet/ hat zwischen den Häusern schöne lustige Gärten/ daherumb hievor gedachter

Atscham-oglanen Sa-rai.
Der Pott-schaffter Lo-samenter.
Was ihre verrichtung

Atscham-oglanen Sarai, auch der Frantzösische/ Engel. Venet. vnd Niderländische: ordinarie bey der Porten residierende/ hievorn benamste Pottschaffter jhre Losamenter.

Jetztgemelte Pottschaffter sind zum theil wegs der Bündnuß/ so jre Herrn mit dem Türckischen Kayser/ mehrtheils aber daß sie die Kauffmanschafft daselbst vnd andern Oertern gegen dem Auffgang befürdern/ auch wann jhrer Nationen Schiff-Kauff- oder ander Leuten/ inn denen Landen was schadens oder beleydigung widerfehrt/ selbiges an gehörigen Ort vorzubringen/ vnd sich derer anzunemen allda.

Gallata beliebt der Compagnia.

Dieses Gallata ist vnser Compagnia sehr beliebig vnd sonders recommendirt gewesen/ wie wir dann dieselbe/ sowol der allda allerhand habender Gütter vnd köstlicher Wein: als auch dabey vmb ein geringes bekommener stattlichen Collation: sonderlich aber zu vertreibung der zeit befundener Kurtzweil: vnd der auff den Schiffen/ daselbst ankommener frembder Nationen Kundschafft halber/ inn diesem vnserm zwey monatlichen stilligen täglich
besucht.

Dritter

Constantinopolit. Reiß. 99 *Anno 1617.*
JULIUS.

Dritter Theil.
Ist ein Beschreibung
Von Constantinopel biß wider nach Prag zu Land.

DEn 20 Julii morgens vmb sechs Vhr/ ist der H. Orator zu sampt den seinigen vnd hievorgedachten vom Hassan Bascha zugeordneten Gleitsleuten/ mit acht vnd dreissig Gutschen: vnd Bulgarischen Wägen/ viertzig Reit: so mehrtheils Hauptroß waren/ vnd vier Cameelen/ inn Gottes Namen wider von Constantinopel auffbrochen/ vnd allgemach mit zusammen gerolltem Fahnen/ gleichwoln schall der Trommeten vnd Heerpaucken (welches doch der Caymecam schwerlichen passieren lassen) durch die Statt gezogen/ als wir nun nahe zum Hadrianopolischen Thor kommen/ haben etliche Griechen vnd Türcken/ wegen jhrer verlorner Gefangenen vorgewart/ vnd drey so in einem Gutschenwagen etwas verkleidet/ vermeinent/ man sie nit kennen auch sicherer: als in den verdeckten Wägen seyn sollen/ gesessen/ hinweg genommen. darauff ferrners nachsuchen wollen/ so jhnen aber nicht verstattet worden/ sondern seynd nach diesem fort; vnnd. vmb 12 Vhr gen Ponto-piccolo kommen/ daselbs

Auffbruch zu Constantinopel.

Türcken haben drey gefangene wider bekommen.

Ponto-piccolo.

N ij

Dritter Theil

Anno 1617.
JULIUS. daselbsten in der Caravan-Sarai gelegen. Der H. Orator hinterliesse zu Constantinopel H. Micheln Starzern/ auch seinen Tolmetschen vnd H. Breuning/ wegen verrichtung noch etlicher sachen.

Den 21 seynd wir allda verblieben.

Ponte grande. Den 22 morgens vmb ein Vhr auffbrochen/ vnnd vmb fünff vhr. vormittag zu Ponto-grande angelanget/ daselbsten hin vnd wider vmb die Kirchen gelegen.

Abends vmb neun vhr fortzogen/ vnd

Selibre. Den 23 morgens vmb vier vhr zu Selibre ankommen/ lagen vorm Städtlein im Marck vnd einem lustigen grossen Hauß.

Den 24 abends vmb acht vhr von dannen geruckt/ vnd

Zschorli. Den 25 morgens vmb fünff vhr Zschorli erreicht/ allda *H. Orator bleibt zu Zschorli.* in der Caravan-Sarai gelegen/ der H. Orator aber verbliebe mit seiner Guetschen vnd einem Trommeter zu Zschorli, erwartet daselbst obgedachter zu Constantinopel hinterlassener Personen.

H. Orator stöst wider zu vns. Den 26 morgens vmb zwey vhr stiesse er mit denselben (ausser Herrn Starzers/ so als ein Obses, oder Geisel auff dem Meer wider nach Constantinopel gefahren) zu vns/ brachen nachmals vmb drey vhr sämptlichen von dannen auff/
Burgaus. vnnd kamen vmb zwölff vhr gen Burgaus, verblieben in der Caravan-Sarai.

Eschibaba. Den 27 abends vmb sieben vhr weggereist/ vnnd vmb mitternacht zu Eschibaba angelanget/ darinn: vnnd wider im vorigen Hauß gelegen.

Den 28 abends vmb 7 vhr wider fortzogen/ vnd

Hadrianopel. Den 29 morgens vmb sieben vhr Hadrianopel erreicht/ in einer lustigen Caravan-Sarajen losirt.

H. Breuning postirt auch Prag. Den 30 wurde hievorgedachter Herr Preuning/ mit einem zugeordneten Zauschen/ voran auff Wien zu reisen/ abgefertigt. Den

Constantinopolit. Reiß.

Den 31 beklagten sich beym H. Oratorn neben dem Ga- *Anno 1617*
di auch etliche Griechen vnd Türcken/ wegen jhrer verlornen *JULIUS.*
Gefangenen/ begerten deßwegen in Ställen/ Wägen vnnd *Türcken su-*
andern Orten nachzusuchen/ welches jhnen theils zugelassen/ *chen Gefan-*
aber nichts gefunden worden. Wie auch sonsten an diesem *gene.*
tag allerhand vngelegenheiten vorgelauffen.

Den 1 Augusti morgens vmb zwey vhr brachen wir von *AUGUST.*
Hadrianopel (weiln sich die Türcken daselbst was widerwer- *Vrsach vn-*
tig erzeigten/ vnd vielleicht fernere bessere nachsuchung per *sers Auff-*
forza vornemen möchten) wider auff/ kamen vmb den Mit- *bruchs.*
tag gen Mustapha Bascha Zcupri, losirten inn der Cara- *Mustapha*
van-Sarai. *Bascha Zcu-*
  pri.

Den 2 vmb drey vhr gegen tag auffbrochen/ vnnd vmb
neun vhr vormittag zu Haramanli angelanget/ vnnd in der *Haramanli.*
Caravan-Sarai verblieben.

Den 3 von dannen morgens vmb zwey vhr wegzogen/
vnd vmb zehen vhr vormittag gen Schetmese kommen/ vnd *Schetmese.*
ausserhalb im Feld gelegen.

Den 4 vmb zwey vhr gegen tag auffbrochen/ vmb neun
vhr vormittag zu Papaßcki angelangt/ vñ im Feld das Quar- *Papaschi.*
tier gehabt.

Den 5 nachmitternacht vmb ein vhr fortgereist/ erreicht
vmb sieben vhr vormittag Philippopoli, lagen in der Cara- *Philippopoli*
van-Sarai.

Den 6 abends vmb fünff vhr wider wegzogen/ vnd

Den 7 nachmitternacht vmb ein vhr zu Tartarpasar, *Tartarbasar*
in der Caravan-Sarai einkommen/ allda lag auch ein Tartar
mit einem Caleßlein/ hatt bey sich ein zu Griechisch Weissen-
burg erkaufften Rußischen Knaben vnnd ein Mägdlein/ bey
eylff Jahren.

Vormittag giengen etliche der vnserigt in den Marck spa-
tieren/ vñ nach dem die Türcken jrer gewonheit nach auff sie:

N iij   auch

Dritter Theil

Anno 1617.
AUGUST.

auch die vnserigen hinwider gescholten / seynd folgends beede theil: vnd der Türcken in die hundert zusammen kommen / welche die vnserigen biß zur Caravan-Sarai getrieben / allda sich die andern jhrer angenommen / mit Steinen / Stangen vnd Säbeln auff einander geworffen / geschlagen vnd gehauen / welches als der H. Orator vernommen / hat er sich hinzu verfügt / den seinen / wie auch vnser Gleitsmann den Türcken abgewehrt / vnd die Thor / biß sich der Pöfel verloffen / sperren lassen.

Tartars Jungen mitgenommen.

Den 8 morgens vmb zwey vhr ist man auffbrochen / vnd obgedachts Tartarn Jungen / auff sein hochfleissiges bitten / als ein Christen mitgenommen / kamen vmb neun vhr vormittag gen Geldervven, ein schlecht von Bulgarn bewohntes Dörfflein / am anfang deß Gebürgs Hoemu ligend / inn dem hin vnd wider losirt.

Gelderbben.

Die Jnwoner entloffen.

Auß diesem Dorff waren alle Jnwohner entloffen / kunten weder Brot noch Wein bekommen / vngeacht der H. Orator durch die Geleitsleut jhnen entbieten lassen / daß er was sie hergeben / bezahlen wolt / weiln sie sich aber nicht herbey machten / sahe ein jeder / wo er was zu wegen bracht / letzlich vnd spat auff den abend kamen die Weiber zu Hauß / vnnd demnach dieselbe nicht alles was sie hinterlassen wider: sondern an allerhand sachen jhrem vorgeben nach / ein grossen abgang befunden / seynd sie zusammen gelauffen / vnnd ein jämmerlichs Geschrey angefangen / auch jhrem brauch nach / sich mit den Händen im Angesicht gerissen / daß das Blut herunter gerunnen vnd jmmer geschryen / O le/ le/ le/ rc. (dahero auch diß Ort von den vnserigen Leleledorff genandt worden) welches geschrey der H. Orator mit Gelt (vngeacht die verlorne sachen sich nicht so hoch erstreckt vnd daran selbst vhrsach gewesen) gestillt.

Bärschlein thut Haußsuch.

Weiber fangen ein groß geschrey an.

Weiber werden etwas gestillt.

Jndem

Constantinopolit. Reiß.

Anno 16. *AUGUST.*

Inn dem kame auch der Tartar wegen seines verlornen Jungen zu unserm zugeordneten Gleitsmann/ begerte denselben wider herauß zugeben/ dann er gewiß wüste/ daß wir jhn mitgenommen/ꝛc. derselbe bracht solches beym H. Oratorn was ernstlich an/ welcher sich aber der unwissenheit entschuldigt/ unnd kein nachsuchung verstattet/ derowegen der Tartar wider fortziehen müssen.

Tartar begert seines Jungen.

Diese nacht ruckten wir mit unsern Wägen wol zusammen/ machten auch etliche Fewer an vnnd hielten wacht/ damit wir nicht etwa unversehens auß dem Gebürg von den Bulgarn überfallen würden/ welches vor diesem wie ich bericht den Türcken in diesem Dorff von jhnen etlichmal widerfahren.

Besorgen uns eines überfalls.

Den 9 morgens vmb vier vhr weiter fortgereist / da dann die Weiber vorm Dorff gestanden/ die vnns mit jhrem vorigen tags gebrauchtem Gesang vnd nicht viel besondern glückwünschen was begleit/ erlangten folgends vmb den Mittag/ Ichtmian, lagen allda in der Caravan-Sarajen.

Die weiber wünschen uns glück scilicet.

Ichtmian.

Den 10 nachmitternacht vmb ein vhr auffgewesen/ vnd vmb den Mittag zu Sophia ankommen/ in einer lustigen Caravan-Sarai losirt.

Sophia.

Den 11. 12 daselbst stillgelegen vnd was außgeruhet.

Den 13 gegen tag vmb zwey vhr wider auffbrochen/ vnd vmb zehen vhr vormittag Dragomam erreicht / inn-vnnd ausserhalb diesem Dorff gelegen.

Dragoman.

Den 14 morgens vmb vier vhr wegzogen/ kamen vmb drey vhr nachmittag gen Scharckol, quartirten inn hievorgedachtem Ort.

Scharckol.

Den 15 vmb zwey vhr gegen tag fortgereist/ vnnd vmb neun vhr vormittag zu Curicesine angelangt/ ausserhalb im Feld uns nidergelassen.

Curicesme.

Den

Anno 1617. AUGUST.

Niſſa.

Den 16 morgens vmb zwey vhr auffgeweſen/ vnd vmb den Mittag Niſſa erreicht/ darinnen inn etlichen Häuſern loſirt.

Den 17 vmb zehen vhr in der nacht weggereiſt/ vnd

Raſchna.

Den 18 morgens vmb 7 vhr gen Raſchna ein ſchlechte Palancka kommen/ dabey auſſerhalb ein Caravan-Sarai neben der im Feld quartirt/ daſelbſten vmb 11 vhr in der nacht auffbrochen/ vnd

Jagodna.

Den 19 vormittag vmb acht vhr zu Jagodna angelangt/ allda bey der Kirchen gelegen.

In der nacht vmb zehen vhr wider weggereiſt/ vnd

Haſſan Baſcha palan.

Den 20 vmb den mittag kommen gen Haſſan Baſcha Palancka/ auſſerhalb derſelben im Feld bey der Caravan-Sarai gelegen.

Einer ge-ſtorben.

Vnter wegs zwiſchen neun vnnd zehen vhr ſtarb an der Vngariſchen Kranckheit der Woledle/ Geſtrenge Herr/ Herr Herman Goß von Wiſtritz/ꝛc. deß H. Orators Schweſter Sohn/ ein feine junge Perſon/ alters vngefähr bey zwaintzig Jahren.

Den 21 abends vmb 7 vhr wider fortgeruckt/ vnd

Palancka Hoſtarick.

Den 22 morgens vmb vier vhr zur Palancka Hoſtarick angelangt/ auſſerhalb in der Caravan-Sarai verblieben.

Ankunfft zu Griechiſchē Weiſſenburg/ vnd wie wir empfangen worden.

Den 23 morgens vmb drey vhr wider wegzogen/ vnnd vmb acht vhr vormittag zu Griechiſchen Weiſſenburg ankommen/ ein halbe Meil darvor/ haben vns in ſiebentzig wolauſsgerüſte Türcken zu Roß/ darunter auch deß Haſſan Baſcha zween Söhn/ bey acht vnnd neun Jahren geweſen/ empfangen/ vnd in vnſer alt Loſament begleittet.

Der verſtorbene ward begraben.

Den 24 iſt obgedachts H. Orators Vetter S. in einer Gutſchen mit ſchall der Trommeten vnd Heerpaucken/ auff der Raguſeer oder Latiner Kirchhoff (welche auff ihr beſchehenes fragen gegebene antwort nicht anders vermeynt/ dann daß er

Conſtantinopolit. Reiß. 105

daß er Romaniſch Catholiſch geweſen) geführt/ vnd daſelbſt ehrlich/ doch mit jhren Ceremonien zur Erden beſtattet worden. *Anno 1617. SEPTEMB.*

Den 4 Septemb. hat der H. Orator beym Haſſan Baſcha Audientz gehabt/ vnd zugleich freundlichen Abſchied genommen/ dabey der Baſcha dem H. Oratorn vnd ſonſten in die zehen Perſonen Caphiten geben laſſen. *SEPTEM. Audientz beym Haſſan Baſcha.*

Auff den abend hat er dem H. Oratori, ſampt all den ſeinigen/ nechſt vnſerm Loſament/ inn einem ſchönen Garten/ geſtandenem luſtigen Sommerhauß/ ein ſtattlich Panckethalten laſſen/ dabey ſich ſein Hofmeiſter neben dem Habil Effendi, vnd ſonſten zween vorneme Türcken befunden/ ingleichem haben ſich deß Baſcha dahin verordnete Trommeter/ Paucker vnnd Schalmeyer hören laſſen/ auch in die ſechzig Perſonen mit ſehr ſchönen langen Janitſchar Rohren erſchienen/ welche zum dritten mal über die Tafel ein ſtarckes ſalve geſchoſſen. *Baſcha helt ein Pancket.*

Hievorgedachter Tartar iſt vns nachzogen/ vnnd ſich beym Baſcha wegen ſeines mitgeführten Jungens beklagt/ weiln man aber nichts geſtehen wollen/ vnd er kein beweißthumb/ hat er der Ort nichts verricht. *Tartar klaget beym Baſcha.*

Den 9. 10 hat der Baſcha widerumb friſch Wägen verſchaffen laſſen/ vnd iſt auffgeladen worden. *Wägē fortreiſen verſchafft.*

Den 11 vormittag vmb neun vhr brachen wir widerumb auff/ vnnd wurden nach vnd nach über die Saw geführt/ kamen auff den abend gen Sehmon/ lagen vnterhalb dem Caſtell im Dorff vnd der Caravan-Sarai. *Auffbruch zu Griech. Weiſſenburg. Sehmon.*

Zu nacht/ hat der Herr Orator den Defſterdar (iſt ein Renth-oder Zahlmeiſter) von Griechiſchen Weiſſenburg/ neben andern vornemen Türcken/ wie auch etliche Raguſeer ſampt ihrem Patre bey der Tafel gehabt/ da man dann biß vmb mitternacht luſtig geweſen/ darauff die Raguſeer mit ihrem *Herr Orator hat Gäſt.*

O

Anno 1617.
SEPTEMB. jhrem Patre wider zu Waſſer nach Griechiſchen Weiſſenburg gefahren.

Bockol. Den 12 morgens vmb vier vhr reiſten wir fort/ erlangten vmb den Mittag Bockol, ein ſchlechte Palancka/ lagen neben derſelben im Feld.

Medrowiz Den 13 morgens vmb drey vhr fortzogen/ vnnd vmb neun vhr vormittag zu Medrowiz/ einem groſſen offenen Flecken ankommen/ vnd in einem Hauß toſirt.

Abgefalle- Daſelbſten kame hievorgedachter abgefallener Teutſcher
ner Teut- zum H. Oratorn, lieſſe denſelben zum höchſten bitten/ jhme
ſcher meldt dieſe Gnad zuerzeigen/ vnd mit ſeinem Weib vnnd Kind/ als
ſich an. Chriſten/ widerumb in die Chriſtenheit zuverhelffen/ welches der Herr Orator auff ſein inſtändig hochflehentliches bitten nicht abgeſchlagen/ auch die verordnung thun laſſen/ daß ſie mitgenommen worden.

Dorbarnick Den 14 morgens vmb vier vhr auffbrochen/ vnnd vmb zehen vhr vormittag Dorbarnick/ ein ſchlechte Palancka erreicht/ dabey auſſerhalb ein Caravan-Sarai, neben der im Feld gelegen.

Verlauff Vber ein halbe Stundt kame ein Iſpahi, ſind Kriegsleut
wegen deß zu Roß/ von Medrowiz/ welche die Fraw/ ſo obgedachte
abgefallen Perſonen gehörig/ wegen derſelben hernacher geſchickt: In
Teutſchen. dem nun ſolcher zum H. Oratorn gehen; vnd nachſuchung begeren wolte/ erwiſchte er obgedachten abgefallenen Teutſchen/ ſo Waſſer zu holen/ zu einem Bronnen gangen/ fähr-te denſelben zum H. Oratorn, ſagte/ daß dieſer neben ſeinem Weib vnd Kind/ gemelter Frawen Gefangener/ auch derſelben zwey Roß ſampt einem Wagen (ſo ſie jhm/ ſich mit den ſeinigen deſto beſſer damit zu nehren/ geben) weggefuhrt/ bate ſolches alles jhm widerumb zuzuſtellen: der Gefangene antwort: er ſampt ſeinem Weib/ hetten von der Frawen Freybrieff/ das Kind/ wie auch die Roß vnnd Wagen/ weren hin-
terlaſ-

Constantinopolit. Reiß.   107

Anno 1617. SEPTEMB

terlaſſen/rc. Dagegen der Iſpahi replicirt: Demnach dieſe beede Perſonen zu Türcken worden/ haben ſie wie breuchlich ihre Freyheit erlangt/ dieweiln aber ſolche wider abgefallen/ eben ſowol als zuvor Schlauen/ zu dem ſey das Kind/ welches er verlaugne/ nicht im Freybrieff begriffen/ gehöre der Frawen ohne mittel/ dann ſolches ihr erkaufftes Gut/ lang vor dem gegebenen Freybrieff ertragen.   Der H. Orator vermeldt: weiln ſie ihr Freyheit halber richtige Brieff/ könne er ihnen das mitreiſen nicht abſchlagen/ deß Mägdleins halber ſey ihm nichts bewuſt/ vnnd da zu beweiſen/ daß er die Roß weggeführt vnd verkaufft/ wolte er ihn ſelbſt auffhencken laſſen.   Ritte nach ſolchem mit theils Cavalierern hetzen: als er abends wider kam/ war auch die Fraw auff einem Caleſtlein angelangt/ begehrte gleichfalls der ihrigen/ mit fernerer vermeldung/ da der H. Orator ihr ſe zu dem ſenigen/ was ihr von billigkeit vnd rechts wegen gehörte nicht verhelffen: doch dero ſtattlichen Freundſchafft/ darunter der Scender Baſcha genieſſen laſſen wolte/ der H. Orator entſchuldigt ſich nochmals der Vnwiſſenheit vnnd im übrigen daß Freybrieff vorhanden/rc. Da es aber auſſer deme/ oder die Sachen anders beſchaffen/ vnd was zuerweiſen were/ wolte er ſo wol wegen deß Scender Baſcha als ſonſten an ſich ſelbſten die Billigkeit erfordere/ hierinn die Gebühr verfügen/ weiln nun die Fraw vermerckt/ daß nichts zuverrichten/ hat ſie mit dem Geſicht gen Himmel geſehen/ vnd in Vngariſcher Sprach (welcher ſie auch kundig war) dieſe Wort geredet/ GOtt/ als ein gerechter Richter/ ſtraffe den ſo hieran ſchuldig: darnach wider anheimbs zogen.

Die Türckin beſihle Gott die Rach.

Den 15 morgens vmb ſechs vhr wider weggereiſt/ vnnd vmb den Mittag Wulckawar erreicht/ lagen neben der Thonaw im Feld/ vnd einem luſtigen Geſtatt.

Wulckawar.

Den 16 morgens vmb vier vhr auffbrochen/ neben Oſ-
O ij   ſeck/

Dritter Theil

Anno 1617.
SEPTEMB. seck/ einer wolverwahrten zimblich grossen Palancken/ wegen der darinn graffierender Pest hin: vnnd gleich darunter über

Das Wasser Tra. eine Schiffbrucken von sechzehen Schiffen geschlagen/ vnter welcher das Wasser Tra in die Thonaw fleust/ nachmals über ein lange hültzene Brucken gefahren/ erlangten vmb den

Tartar Palancka. Mittag/ ein schlecht daran gelegene Palancka/ Tartar Palancka genande/ lagen ausser derselben im Feld.

Lange Brucken Gedachte Bruck ist sonst nit dermassen beschaffen/ daß viel darvon zu schreiben/ allein daß solche einer guten Teutschen Meil wegs oder dritthalb Stundt lang/ auch so breit/ daß geraumlich zween Wagen einander drauff weichen könten/ ist wegen deß daselbst herumb habenden Morasts erbauet worden/ darauff deß Türckischen Käysers Kriegsvolck vnd Geschütz auff erforderten Fall desto bequemer überzubringen.

Mogatsch. Den 17 morgens vmb 5 vhr fortgeruckt/ vnnd vmb ein vhr nachmittag zu Mogatsch angelangt/ welches ein zimbliche Palancka vnnd ausserhalb ein grosser/ doch zerstrewet ligender Flecken/ darinnen wir vnser Quartier in einem Türckischen Hauß gehabt.

Den 18 wegen eingefallenen starcken Regenwetters allda verblieben.

Mogatsch ist ein feine Stadt gewesen. Dieser Flecken vnd Palancka Mogatsch/ ist vor diesem/ wie noch die Rudera vnd zerstörte etwas noch stehende Kirchen/ vnd anders/ anzeigung geben/ ein grosse Statt gewesen/ ligt in einer lustig ebenen vnd fruchtbaren gegne/ ist sonsten in Historien wol bekandt/ wegen auff der daran stossenden grossen Heyden/ zwischen Sultan Suliman vnd König Ludwig in Vngarn/ rc. gethaner harten Schlacht/ in welcher/ der Vn-

Schlacht bey Mogatsch. garn in die 20000 geblieben seyn sollen/ auch er König selbst/ als der kleine Rest seines Kriegsvolcks/ in die flucht getrieben worden/ sich gleichfalls damit salviren wollen/ inn einem sumpffigen Ort/ nechst bey jetztgedachtem Mogatsch ligend/

Constantinopolit. Reiß.   109

Anno 1614.
SEPTEMB.

kaffen/ vnd folgends sich bemühet/ auß solchem auff ein dar-
an reinere höhe zugelangen/ hat sich das Roß auffgethan/
daß es auff den hintern Beinen gestanden/ vnd sich zusampt
dem König überschlagen/ welcher also in seiner Rüstung vn-
ter dem Roß gelegen/ auch inn solchem kottigen Wasser/ so
nicht über anderthalben Spannen tieff/ nidergetruckt wor-
den/ vnd ertruncken/ auch erst über den dritten Tag hernach
von den seinigen gefunden worden.

Den 19 morgens frü vmb vier vhr auffgewesen/ vmb
den Mittag Tolna erreicht/ verblieben im Flecken vnnd der
Caravan-Sarai. *Tolna.*

Den 20 morgens vmb vier vhr fortgereist/ nachmittag
vmb zwey vhr gen Fedvvar, ein zimbliche Palancka/ lustig
an der Thonaw gelegen/ dabey vnnd in der Caravan-Sarai
losirt. *Fedwar.*

Den 21 morgens vmb vier vhr auffbrochen/ vnnd vmb
zehen vhr vormittag zu Schangateron angelangt/ welches
ein schlechte Palancka/ so ausserhalb etliche Häuser/ darbey
wir im Feld gelegen. *Schanga-*
teron.

Den 22 frü vmb fünff vhr auffgewesen/ vnd vmb neun
vhr vormittag ein Palancka Harasambeg an der Thonaw
ligend/ erreicht/ ausser desselben auff einer lustigen ebene/ vn-
ser Quartier gehabt. *Harasam-*
beg.

Den 23 morgens vmb acht vhr brachen wir von dan-
nen auff/ vnd naheten allgemach auff Ofen/ ein viertelmeil
darvon/ gleich hinter dem Plockhauß/ kamen vns vier Cor-
net Türcken zu Roß/ so alle an ihren Copien Fehnlein/ derer
jedes mit der Cornetfahnen der Color halben sich verglichen/
entgegen/ beleiteten vns volgends auff Ofen/ vor dem Weis-
senburger Thor fürüber/ ausser deß Wasserstädtleins Mau-
ren hinab/ inner welcher vnd zwischen der Vestung/ hart bey
hievorn gedachts Wasserstättleins Mauren zu ende der new
erbau-

O iij

Dritter Theil

erbautem Rondel/ darbey herumb etlich Gezelt auffgeschlagen vnd zwölff Janitscharen sampt einem Zorbaschi vns zur Guardi verordnet waren/ wir quartirt.

Gefährlichet er Auffkauff/ vnd was dabey vorgangen.

Als wir nun kaum völlig angelangt/ hab sich die Tscheuckenknecht/ (so ohne das wegen jhrer außständigen besoldung rebellirten/ auch bereits von dem Tartarn vnd Frawen zu Medrowitz/ vmb starcke nachsuchung/ wegen jhrer verlornen Gefangenen/ gebeten worden) neben andern auff ein Beut laurendes Gesindlein/ vnversehens in die drey hundert zusammen geschlagen/ alsbalden ohn einige Vorred oder angezeigte Vrsachen über die Wägen/ darinn etlich Teutsch vnd Vngarische Weiber/ so jhre Freybrief erlangt/ vnd noch was Türckische tracht hatten/ hergemacht/ selbiger 4 sampt einem Kind mit grossem gewalt vil erbärmlichem geschrey fortgeschleifft/ zugleich auch den Tartarischen Jungen/ den Vatter/ Mutter vnd Dochter von Medrowitz (welche dieser vngestümmen gefährlichen überfallung was Vrsacher waren) neben zwey Morischen vnd eim Ruſſischen Mägdlein/ so der H. Orator für die Käyserin erkaufft/ weggenommen vnd in die Vestung geführt/ kamen ferners über die Wägen/ Kisten vnd Truhen/ schlugen vnd stachen in dieselbe/ endlich auch für deß H. Orators Gezelt/ rissen desselben Vorgezelt zum dritten mal über ein Hauffen/ wolten kurtzumb ein kleinen Moren/ so der Herr Orator gleichfalls erkaufft/ neben einem Mägdlein mit Ohrgehengen (welches doch nie geboren worden) haben/ inn dem kam der Ahmet Bascha von Canischa/ so sich damals zu Ofen selbigen Bascha zu erwarten: vnd hieunden im Wasserstädtlein/ nicht weit von vnserm Quartier auffhielte, den fraget der H. Orator, ob man die Käpſ. Oratores also empfahe vnd tractiere/ ꝛc. derselbe entschuldiget sich deßwegen zum besten/ mit vermelden/ er selbst sey mit Leib vnnd Lebensgefahr zu vns komen/ das Gesindlein were ohn das Rebellisch/ zu dem

Constantinopolit. Reiß.   III

Anno 1689.
SEPTEMB

dem kein Obrigkeit/ derer sie gehorsamten vorhanden/ gien-
ge gleichwol mit dem H. Oratorn herauß zu dem rumoren-
den Gesindlein/ ermahnete dieselbe/ nicht so ungestüm zu ver-
fahren/ sondern zubedencken was ins künfftig darauß entste-
hen/ auch einem und dem andern deßwegen begegnen möcht/
solten ein Außschuß machen/ der H. Orator erbiete sich doch
alle Wägen/ Kisten und Kästen durchsuchen zu lassen/ darauff
theils wolten/ man solte ein Außschuß machen/ unnd alles
durchsuchen (wie auch bereits an deß H. Orators Rüstwägen
einem/ der Anfang gemacht/ unnd erstlich die Silbertruhen
darinnen zu suchen herauß genommen worden) theils nicht/
es verbliebe aber letzlich darbey/ daß sie die weggenommene
Personen examiniren: unnd nach befindung derer außsag/
ferners verfahren wolten.

    Dieser Tumult hat bey drey Stunden/ darinnen man
alle Augenblick deß plündern und folgig eines andern gewer-
tig seyn müssen/ geweret/ dabey unsere Guardi/ gestalden sa-
chen nach/ anders nichts/ als diß tumultuirendes Gesindlein
zu gebührender nachsuch gütlich zu vermahnen/ thun können.

    Diesen tag haben etliche Türcken zu Roß vier Heydu- *Türcken se-*
cken/ welche eine Herd Schaff weggetrieben/ nachgesetzt/ in *gen 4 Hey-*
einem Wald/ darinnen sie eins abgestochen unnd gebraten/ *ducken nach*
ersehen/ weiln nun die drey der Türcken was zeitlich warge-
nommen/ haben dieselben auffgerissen/ der vierdte aber/ da
er dessen von seinen Gesellen bericht worden/ hats für ein Ve-
xation gehalten/ doch letzlich jnen mit dem gebratenen Schaf/
über der Achsel tragend/ nachgefolgt/ welchen aber die Tür-
cken ereilt/ nidergehawet/ und seinen Kopff auff einer Stan-
gen/ für das Wiener Thor gesteckt.

    Den 24 frü/ hat der Capitän zu Waitzen (so unserer ge- *Capitän zu*
strigen tags von Türcken beschehener freundlichen empfa- *Waitzen*
hung halber/ bereits Aviso gehabt) den H. Oratorn durch *läst den H.*
                                                                      Oratorn be-
                                            seinen *suchen.*

Anno 1617.
SEPTEMB. seinen Leuten ampt besuchen vnd wie es vnsertwegen beschaffen/ erkündigen lassen/ deme dann die Türcken nicht gestatten wollen/ allein oder viel mit dem H. Oratorn zu reden/ auch bald wider fortgeschafft/ vnnd were nicht gut gewesen/ da er nachmittag inn werendem Tumult kommen/ wie auch daß damals wenig vmb vnsere Gezelt sich befundene tumultuirendes Gesindlein/ demselben sauer gnug angesehen/ auch allerhand Schelt-vnd betrohliche Wort außgestossen.

Audientz beym Bascha von Canischa/ vnd was dabey zugedencken
Eodem die vormittags hat der H. Orator bey Ahmet Bascha von Canischa Audientz gehabt/ dabey erschiene auch deß Hassan Bascha Caymecam, sampt dem Cadi vnd andern zween vornemen Türcken/ beklagte sich zum höchsten über den gestrigs tags geübten Gewalt/ıc. begehrte der weggenommenen Personen/ sonderlich der zwey Morischen vnd deß Russischen Mägdleins/ mit vermelden/ daß er sie für die Käyserin erkaufft/ vnd dehwegen nie angefochten worden/ıc. darauff sie antworten/ deß rebellirenden Gesindleins weren sie nicht mächtig/ vor jhnen selbst Leibs vnd Lebens nicht sicher/ dann jetzo kein Bascha vorhanden/ auch sein verordneter Caymecam vnd andere/ bey jnen wenig Respects, man hette sich der entloffenen Gefangenen entschlagen sollen/ıc. welche jhre richtige Freybrieff/ solten wider loßgelassen werden/ die erkaufften Mägdlein/ als welche ohn-zweiffels zu Gauren/ daran sie Vrsachere weren/ gemacht würden/ könte man/ sonderlich weiln jhretwegen kein Paßbrief vorhanden/ nicht folgen lassen/ dann bey jhnen nicht wie vnter vnns der brauch/ daß jemand seinem belieben nach hinziehen: oder von einer Religion auff die andern springen dörff/ sondern stünde einem jeden das Leben darauff/ıc. kamen ferners beederseyts mit Worten aneinander/ daß der Herr Orator dißmal mal content abschied.

Drauff wurden zwey Teutsche Weiber sambt einem desselben

Conſtantinopolit. Reiß. 113

Anno 1617.
SEPTEMB.

ſelben Kind/ nach juſt befundenen Freybrieffen/ wider loßgelaſſen.

Auff den Mittag/ vnd in dem der H. Orator noch bey der Tafel ſaß/ ſahen wir auß der Veſtung etlich hundert Perſonen den Berg herunter: zu vnſern Zelten mit groſſem geſchrey/ lauffen/ welche der Ahmet Baſcha ſampt denen inn vormittags gehabter Audientz/ damals noch zu allem glück bey jhm geweſene Perſonen erſehen/ vnnd jhnen im weg/ an der nechſt bey vnſerm Quartier gelegener Kirchen/ vorgewart/ jhnen auffs freundlichſt zugeſprochen/ vnd deß H.Orators geſtrigs Tags gethanes erbieten neben anderm/ ꝛc. erholt/ welches nichts verfangen wollen/ ſondern hett das tumultuiren ſeinē fortgang/vnd war ein groſſes geſchrey durcheinander/ warffen auch etliche Stein auff obgemelte Perſonen/ alſo daß ſie ſich gröſſerm Vnglück zuvorkommen/ inn vorgedachter Kirchen vorgang retteriren müſſen/ allda ſie gleichwol mit fernerm bitten/ vnnd ermahnen nicht nachgelaſſen/ auch endlich erlangt/ daß dieſes Geſindlein ein Außſchuß gemacht/ welche erſtlich deß H. Orators Rüſtwägen einen durchſucht/ weiln ſie aber darinnen nichts gefunden/ haben dieſelbe weiter nicht fortfahren wollen/ ſondern ſchryen ſtettigs/ man ſolte das geſtrigs tags begehrte erdichte Weibsbild/ mit Ohrgehengen/ tode oder lebendig herauß geben/ oder wolten was anders vornemen ꝛc. forderten auch deßwegen vnſere zugeordnete Bulgariſche Gutſcher zuſamen/ tractirten vnnd brügelten theils jhres gefallens/ biß ſie etlich entloffene Gefangene anzeigten/ꝛc.

Newer auflauff/ vnnd was darbey vergangen.

In deme gienge auch der H. Orator, mit ſeinem Dolmetſcher vnnd wenigen Dienern/ zu den im Vorgang ſitzenden Perſonen/ ſetzte ſich zu denſelben nider/ zeigte jhnen vnnd dem vmbſtehenden tumultuirenden Geſindlein/ vnerſchrocken an/ warumb er von ſeinem allergnädigſten Käyſer/ an

P   die

Dritter Theil

Anno 1617. SEPTEMB

die Oßmannische Porten geschickt: wie ehrlich vnnd stattlich/ er von jrem Kayser/ dessen Musti, Vezieren, allen Baschen/ empfangen/gehalten/ vnd so wol von jhnen als dem nach Ofen verordnet vnd noch zu Griechischen Weissenburg ligenden Hassan Bascha widerumb völlig abgefertigt worden/ꝛc. Solten derowegen bedencken/ was sie theten/ er begerte niemand/ so jhme nicht gehörig oder kein Freybrief hette/ mitzunemen/ das Mägdlein mit Ohrgehengen sey niemals in rerum natura gewesen/ꝛc. bate auch letzlich ihme die für die Kayserin erkauffte vnnd hinweg genommene Mägdlein/ wider zuzustellen/ꝛc. Unter dessen haben etliche dieses Gesindleins auff obgedachter Gutscher erzwungenes anzeigen/ inn Ställen vnd sonsten nachgesucht/ vnd wider in die zehen Personen/ auch einen Crabaten so sich in der Kuchen im hinein vnnd herauß reisen hat brauchen lassen/ sonsten gestandenen alters vnd frey war/ vmb dehswillen er jm etlich tag zuvor/ auß fürwitz den Kopff auff Türckisch scheren lassen/ auch jhrer Sprachen erfahren gewesen/ weggenommen/ welcher nachmals also dahinden verblieben/ die Morischen vnd das Russisch Mägdlein/ wurden rund abgeschlagen/ vnnd noch deß kleinen Moren darzu begehrt/ bliebe letzlich nach lang hinc inde gehabtem Gespräch/ wie gestrigs tags dabey/ daß sie solche Personen gleichsfalls examiniren lassen wolten.

Herr Orator resolvirt sich wegen seines jungen Moren.

Zu nacht über der Tafel resolvirt sich der H. Orator, dafern sie sein erkaufften jungen Mohren wie sie sich vernemen lassen/ mit gewalt begerten wegzunemen/ er in angesicht jhrer denselben durch ein Sticcata zwey oder drey damit er keinem zu theil werde/ hinrichten wolle/ zu welchem ende es jhm auch seinen Dolchen zu weg legen lassen.

Nach dem essen vnd vergangenem Tumult seynd vnserer fünff inn das an vnserm Quartier bey der Thonaw gelegene warme Bad gangen vnd (weiln es zimblich frisch) darinnen
solche

Constantinopolit. Reiß.

solche nacht/ mit etlichen mitgenommenen Flaschen Weins/ zubracht.

Anno 1617. SEPTEMB.

Den 25 frü ritte der H. Orator mit wenig der seinigen deß fortreisens vnd der Gefangenen halber/zu mehrgemeltem Canischischen Bascha/ allda auch der Cadi, Caymecam, vnd andere zween vorneme Türcken/ neben theils deß rebellirenden Gesindleins: theils aber in vnserm Quartier sich befunden/ welche abermals ein Teutschen so vor diesem zum Türcken worden/ sampt seinem Weib hinweg genommen/ vnd dahin geführt/ die noch in die fünff Personen verzahlen/ darauff der gemein Pöfel wider ein grossen Lermen angefangen/ auch mit Steinen in deß Bascha Audienzzimmer geworffen/ nachmals vnter lang vnnd beederseyts gewechselten harten Worten/ wurde dem H. Oratorn angedeut/ er solle sich mit den seinigen wegen deß rebellirenden Gesinds mehrer sicherung/ als welche in der Furi vnnd nicht abzuweisen weren/ in die Vestung begeben/ darzu sich aber der H. Orator (weiln es ohn zweiffels casu pensato vnnd dahin angesehen war/ vns biß zu der auff der Gräntz zwischen beeden großmächtigsten Käysern / angestellt: vnd verrichten Comission auffzuhalten/ vnd dardurch wegen der vnverglichenen Oerter vnd Puncten was mehrers zu erzwingen) nicht verstehen wollen/ sondern deßwegen/ als aller Völcker Rechten/ der Billigkeit/ dem Frieden jhres Käysers/ Muffti vnd aller Vezier erlangter abfertigung zu wider/ in optima forma protestirt, benebens auch endlich erklärt: lieber den Kopff dahinden: als diese vorhabende vnd seinem allergnädigsten Käyser zu nachtheil verspürende vnnd vermeinte auffhaltung/ geschehen zulassen/rc. welches alles nichts verfangen/ sondern haben vermeldt/ es beschehe niemand zum nachtheil/ sondern viel mehr vns zum besten rc. Seynd also/ in dem wir vnsere Reiß in die Christenheit fortzusetzen bereit/ vnnd gleichsamb im auffbrechen

Andere Außbleib beym Bascha/ vñ was daben vorgangen.

P ij

Anno 1617.
SEPTEMB. brechen waren/in die Vestung geführt worden. Da dann hinden/vornen vnd auff den seiten die Janitscharen vmb vns gewesen/ vnd vnser; auch deß Gesprächs wol in acht genommen/ daß dieselben neben der Türckischen: meisten theils auch Vngarische vnd Teutsche Sprach verstanden/ brachten vns also vmb den Mittag in die Vestung/ in welche vnnd etliche Vngarische Häuser wir losirt worden. Vber ein kleines kame auch der H. Orator, zwischen dem Bascha vnd obgedachten Personen reitent/in sein Losament/ein schlecht Vngarisch Hauß/ allda er vnter dem Thor obgesetzte Protestation abermals widerholt/ drauff von einander gescheiden.

Der Türcken verübter mutwill. Diese drey tag über hat diß rebellierende Gesindlein/ alles hohns vnd spots/ so sie vns beweisen können/ sich beflissen/ auch die schlimste Gesellen vnnd Jungen/ damals mehr Gewalts/ als die jenige Türcken/ so sonsten was ansehens/ gehabt/ wie dann jnen fast jederman/ sonderlich die vmbs Maul glatte Personen zu vnterschiedlichen malen weisen müssen/ ob sie beschnitten oder nicht/ vnnd da man sich dessen gewegert/ alsbalden für ein Türcken wegnemen wollen. In summa was sie vorgenommen/ hat niemand widersprechen dörffen/ dann da man jhnen nur die geringste vrsach geben/ oder sich zu wehr gestellt/ wer es gewißlich alles über vnd über gangen/ wegen jhrer menge vnser keiner davon kommen/ vnnd sie zugleich ein stattliche Beut/ darauff sie Gott lob vergebens gelaurt/ erlanget.

Deß Baschen schreiben werden vorgehalten. Den 26 liesse der Caymecam dem Herrn Oratorn vermelden/ er hett von Griechischen Weissenburg auß/ von seinem Bascha (so bereits nach Ofen zu reisen im auffbrechen) Schreiben empfangen/ jhne biß auff sein Ankunfft vnd fernern Befelch/ mit zwainsig oder 25 dem H. Oratorn beliebiger Personen auffzuhalten/ die andern wolte man mit Wägen vnd anderm versehen/ vnd biß auff die Gräntz begleiten/ welches

Constantinopolit. Reiß.

welches aber nachmals wegen deß Baschen täglichs erwarteten Ankunfft/ verblieben/ doch darauff die Ordinantz/ wie hernacher vermeldt/ geben worden. *Anno 1617. SEPTEM.*

Den 28 in der nacht wurde ein groß Geschrey in der Vestung/ vnnd jederman so besoldung/ zum dritten mal auffgemahnt/ dann die Husaren/ zu denen etliche Heyducken gestossen/ auff eine Tscheuta oder Streiff gezogen waren/ vnd viel Viehe hinweg getrieben/ welchen sie nachsetzen müssen. *Aufflauff in der vestung wegen der Tscheuta.*

Den 29 schickten die der Tscheuten nachsetzende Türcken vmb hülff zu ruck. *Türcken begiren hülff.*

Den 1 Octobris fienge der Türcken Weyram an/ vnnd wurden deßwegen in der Vestung etliche Stück loßgebrennt. *OCTOBER Türcken Weyram fiehet an.*

Den 2 morgens gegen tag kamen die der Tscheuta nachgesetzte Türcken wider/ berichteten/ das Viehe were inn drey hauffen abgetheilt gewesen/ davon sie zween wider bekommen/ auch von solchem Gesindlein vier nidergehauet/ vnnd zween lebendig gefangen/ wiewol es vnter jhnen auch nicht leer abgangen. *Türcki kommen von der Tscheuta.*

Den 3 ist obgedachter abgefallene Teutsche Türck von Medrowitz/ wegen seiner leichtfertigen verschiedlichen Abfäll/ wie ich bericht worden/ in ein Stück gelaben/ vnnd auß der Vestung in die Thonaw geschossen worden. *Abgefallener Teutscher bekomt sein Lohn.*

Den 6 in der Nacht starbe an der Vngarischen Kranckheit ein Griechischer Jung/ Namens Bernhard N. sonsten von den vnserigen/ wegen seines frischen Gemüths Capitan genandt/ auß der Insel Scio bürtig/ eines Kauffmans Son/ dessen Vatter seinen weg zu Wasser biß gen Venedig: vnd folgends zu Land nacher Prag zu nemen/ solchen seinen Son daselbsten anzutreffen vnnd die Sprach lernen zu lassen verhofft/ alters bey zwölff Jahren. *Einer gestorben.*

Den 7 ist er auff den Vngarischen Kirchoff ehrlich zur Erden bestattet worden. *Der verstorben wird begraben.*

P iij   Die

Dritter Theil

Anno 1617 OCTOBER
Ankunfft eines Curriers.
Diesen Tag kame ein Currirer vom Herrn Obristen zu Comorrn/ welcher

Currirer wird abgefertigt.
Den 10 widerumb mit Schreiben an ihr Käys. Mayest. den Herrn Cardinal Clesel vnd andere abgefertigt worden.

Tscheuckenknecht rebellirten.
Den 12 rebellirten die Tscheuckenknecht widerumb inn der Vestung/ wolten kurtzumb vom Caymecam vnd Defftterdar/ jhre außstehende Besoldung haben/ oder sie in stücken hauen/ vnnd weiln es an den Bascha anstehen solte/ fuhren solche Tscheuckenknecht

Fahrt nach Griechischen Weissenb.
Den 14 auff zehen Tscheucken zu jhme Bascha gen Griechischen Weissenburg.

Ankunfft eines Curriers.
Den 22 kame ein Currirer von Wien/ so vnter anderm auch den zugeordneten Käys. Secretarium abgefordert/ der

Currirer reist fort.
Den 23 mit jhme vnd Schreiben an ihr Käys. Mayest. H. Cardinal Cleseln vnd andere Herren fortgereist.

Vier Gefangene salvirten sich.
Den 24 inn der Nacht salvirten sich vier vnvernahten bliebene gefangene auff Dotes/ dieweiln solche besorgten/ sie gleichfalls außgekundtschafft vnnd weggenommen werden möchten/ denen hat der H. Orator vmb seinere forthelffung/ an H. Obristen daselbst/ Recommendationes ertheilt.

Drey Gefangene bleiben bey vns.
Es verblieben gleichwoln noch drey bey vns / darunter ein Polnischer vom Adel/ so der Teutschen Sprach auch kündig war/ Namens Johann Maliszki/ dieser hat auff einer Permen täglich das Ruder ziehen/ vnd damit seinem Herrn Gelt verdienen müssen/ auch mich etlich mal geführt/ darbey hochgebeten/ jhme als einem Christen zu seiner erledigung zu

Wie ich ein Gefangene erledigt.
verhelffen/ ꝛc. welches ich gethan/ dann da er gemachtem Anschlag nach/ in vnser Losament: vnd zu mir kommen/ hab ich jhn nicht allein bey einem halben Jahr darinn erhalten/ sondern auch hernach im wegreisen fort: vnd wider in die Christenheit verholffen/ es gerieth aber selten/ sondern kommen gemeiniglich die jenigen so auß mitleiden/ Christlicher Lieb/ vnd

Gefahr bey Gefangenen.

auff

Constantinopolit. Reiß.

Anno 1617.
OCTOBER

auff ihr höchstes bitten/ selbige Personen solcher Gestalt er=
retten wollen/ dardurch zu sampt der Compagnia in grosse
Ungelegenheit vnd Lebensgefahr/ wie es die jenigen so in der
Türckey Pottschafft-Handels-oder anders halben gewesen
vnd sich derer angenommen/ wol: auch darbey/ wann sie er=
ledigt/ erfahren werden haben/ daß sie sich dargegen gemei=
niglich gantz vndanckbar erzeigen

Erledigte Gefangene seynd vndanckbar.

Den 1 Novembris hat der Hassan Bascha neben dem
Habill Effendi von Griechischen Weissenburg/ zu Ofen
sein einzug gehalten/ da er darinn mit grossem schiessen vnd sun=
sten stattlich empfangen vnd eingeholt worden.

NOVEMB. Hassan Bascha Aus-tritt zu Ofen.

Den 2 ist Herr Peter Buonhomo von Wien bey vns
ankommen/ vnd vom Herrn Cardinal Cleseln/ic. vnserer er=
ledigung halber an Hassan Bascha Schreiben bracht.

H. Buonho-mo kompt von Wien.

Den 3 hat erstgedachter Herr Buonhomo bey dem Ba=
scha Audientz gehabt/ vnd daß wir nicht lenger auffgehalten
werden sollen/ Antwort bekommen/ welches vor der obange=
druten Berichten Commission zugeschehen wenig gelau=
bet/ auch die Türcken hernacher nur einmal/ weiln bald dar=
auff ihr Käyser verstorben/ gerewet.

Hat beym Bascha Au-dientz.

Den 4 ist der Herr Buonhomo widerumb nach Wien
verreist.

H. Buonho-mo reist wi-der nach Wien.

Den 5 nachmittag hat der Herr Orator beym Hassan
Bascha Audientz gehabt vnd seinen Abschied genommen/ dar=
bey auch die vorgangene gewaltthätige Vberfall vnd Auff=
haltung/ic. starck geandet/ benebens vmb die weggenomme=
ne Gefangene/ sonderlich die Morische Mägdlein angehal=
ten/ aber mehr nichts als zwey Vngarische WeibsPersonen/
die etwas disputierliche Freybrief gehabt sambt einem Polni=
schen von Adel/ erledigen können/ drauff

Audientz beym Ofnis-schen Ba-scha.

Den 6 gleichfalls den Habill Effendi vnd Bascha von
Canischa heimbgesucht/ vnd bey ihnen vrlaub genommen.

Herr Orator nimbt ab-schied.

Dieser

Dritter Theil

Anno 1617.
NOVEMB.

Baschen von Canischa erfahren vnd wie er vmbs Leben kommen.

Dieser Bascha ist ein arglistig scharpffsinniger Kopff/ bevorab inn Gräntzsachen wol erfahren gewesen/ deßwegen auch etlichmal zu vnserm allergnädigsten Käyser geschickt: vnnd in solchen Gräntz-Commissions-Sachen gebraucht worden/ derselbe wie ich hernacher erfahren/ ist in folgendem Monat December wider gen Canischa in sein Gubernament: vnnd als in der Nacht nahe daselbst herumb ein Fewersbrunst außkommen/ hat er mit etlich den seinigen/ solcher/ wegen rettung zu eylen wollen/ aber vnter wegs sampt dem Roß in ein tieffe Gruben (welche die Vngarn hin vnd wider im Feld/ darein sie bißweiln Frucht schütten haben) gefallen/ dardurch er gleichwoln kein schaden bekommen/ in deme aber die seinigen jhne an zusammen gebundenen langen Türckisch- oder Vngarischen Gürteln wider herauff zu helffen sich bemüheten/ vnnd bey nahe vollbracht/ seynd jhme Bascha die

Türcken glauben die Fürsehung.

Band entgangen/ daß er zu ruck geschlagen/ vnd (weiln von dem Allmächtigen Gott [also pflegen die Türcken zu sagen] jme der Tod an diesem Ort außersehen) den Halß abgestürtzt.

Wägen zum fortreisen verordnet.

Den 7 wurden Wägen zum fortreisen verschafft vnnd auffgeladen.

Wie wir in Ofen tractirt worden.

In diesem vnserm sieben wochichem stilligen/ seynd wir von den Türcken schlechtlich gnug mit Victualien versehen/ tractirt vnd losirt worden/ welches nach vorigem Leben vnnd wesen vns nicht gefallen wollen/ bevorab weiln so wol vor vnser Ankunfft als nach vnserm wegreisen/ die Pest starck vmb vnsere Losamenter/ auch in theils derselben regirt.

Auffbruch zu Ofen/ vñ warinn derselb vnnd völlig bestehe.

Den 8 vormittag vmb acht vhr ist der Herr Orator (damit die Reiß/ wegen manglung mehrer Wägen nicht auffgeschoben werden: so jrgend hernacher lengere auffhaltung cauliren möcht) zu Ofen auffbrochen/ vnd in die zwaintzig Personen zu sampt theils sachen/ deßwegen hinterlassen müssen/ kamen nachts vmb zehen Vhr/ von Türcken zu Roß starck

confo-

Constantinopolit. Reiß. 121

*Anno 1617.
NOVEMB.*

confojirt/ zu Gran an/ hetten im Raitzenstädtlein in einem weiten Hof das Quartier. — *Ankunfft zu Gran.*

Den 9 morgens frü/ wurde der H. Orator von dem Beegen in die Vestung zu einem Panckét geladen/ welches newen auffhaltens halber allerhand gedancken gemacht/ deren wir abermachmals entledigt worden/ weiln der Beeg auff H. Orators ansprechen/ seine Wägen vnd Roß vnter dessen/ vnd damit er nachmals desto ehe fortkommen köndte/ allgemach vber die Thonaw führen lassen/ waren sonsten beym Panckét lustig/ darbey auch der H. Orator seine Trommeter blasen vnd die Heerpaucken schlagen lassen/ namen nach diesem von einander freundlichen Abschied/ vnnd fuhren vmb den Mittag gleichfalls vber die Thonaw/ kamen mit der nacht inn ein gehuldigtes Dorff Koltz genandt/ darinn in etlichen Häusern wir losirt. — *Beeg helt ein Panckét. Auffbruch zu Gran. Koltz.*

Den 10 frü vmb fünff vhr auffbrochen vnnd nach Comorn zu gereist/ als wir bey einer Stundt darzu: seynd vns theils selbiger Husarn entgegen kommen/ auch in der Vestung etlich Stück loßgebrennt worden/ darauff die Türckischen Geleidsleut ihren abschied genommen/ fuhren alsdann vmb den Mittag vber die Wag gen Comorrn/ alda im Marck vnd etlichen Häusern gelegen. — *Ankunffte zu Comorn.*

Den 11 vmb ein vhr nachmittag kamen auch die hinterlassene Diener hernach/ vnd name der H. Orator mit seinen Cavalieren, das Mittagmal beym H. Obristen in der Vestung ein. — *Die hinterlassene Personé stossen zu vns. Herr Obrist helt ein Panckét.*

Den 12 hielte der Herr Obrist Leutenampt daselbst/ dem H. Oratorn, Obristen vnnd den Cavalieren ein Panckét/ dabey sie sehr lustig gewesen. — *Herr Obrist Leutenant hélt ein Panckét.*

Den 13 vormittag vmb zehen vhr wider fortgereist/ vnd zu Segerin vber die Thonaw gefahren/ kamen erst nachts vmb zehen vhr völlig daselbsten vber/ vnd vmb eylff vhr in ein Dorff. — *Auffbruch zu Comorn.*

Q.

Dritter Theil

Anno 1617.
NOVEMB.
Wawasnasch.
Dorff Wawasnasch genandt/ allda in etlichen Häusern losirt. Von da auß avisirt der H. Orator den Herrn Stadthalter vnnd Stadt-Obristen zu Wien seine ankunfft durch ein Trommeter.

H. Orator avisirt sein Ankunfft auff Wien.
Vngarisch Altenburg.
Den 14 morgens vmb vier vhr seynd wir auffgewesen/ vnd vmb drey vhr nachmittag zu Vngarisch Altenburg ankommen.

Bruck an der Leyden.
Den 15 vmb mitternacht wider auffbrochen/ erreichten vmb zehen vhr vormittag Bruck an der Leyden.

Schwechet
Den 16 morgens vmb fünff vhr weggereist/ vnnd vmb neun vhr vormittag auff die Schwechet kommen/ daselbst hat der H. Orator bericht empfangen/ andern tags sich vollends nacher Wien zubegeben.

Wien.
Den 17 vormittag vmb neun brachen wir auff/ kamen vmb den Mittag Gott lob glücklich zu Wien an/ losirten widerumb beym roten Krebs.

H. Orator avisirt dem H. Clesel sein Ankunfft.
Noch diesen Abend avisirt der Herr Orator, den Herrn Cardinal Cleseln/ welcher damals zur Newstadt war/ per posta seyn/ zu Wien beschehene Ankunfft/ erwartet darbey fernern verhaltens/ Bescheid.

Antwort vom H. Cardinal Cleseln.
Den 18 bekame er wider antwort/ weiln ich jhr Käyserl. Mayest. auff Wien zureisen/ bereits im auffbrechen/ sich biß zu derer Ankunfft oder fernerer Verordnung daselbst zugedulden.

Anno 1618.
FEBRUAR.
Audientz beym Käyser.
Anno 1618 den 10 Februarii ist der Herr Orator nach der Käys. Mayest. zu Ebersdorff beschehener ankunfft/ vnnd außgestandener Schwachheit halber etwas erfolgten Besserung/ auch gethanen Relationen/ daselbst hin mit sechs Gutschenwägen von Wien außgefahren/ bey deroselben allergnädigste Audientz gehabt/ zugleich damals seine anvertraut vnd verrichte Ambassada in allervnterthänigstem Gehorsamb abgelegt. Nach solcher verrichten Audientz hat er der Käyserin ein

Constantinopolit. Reyß.

ein ein Præsent übergeben/ darunter ein zu Constantinopel/ von Griechen bekommenes Marien Brustbild: von Golt auff ein kleine Tafel gelegt gewesen/ vnnd gantz lebhafft getroffen seyn soll/ welches deroselben sehr wolgefallt/ auch zum ersten selbst darnach gegriffen. Darauff selbigen Abend wider nach Wien gereist/ da hernacher mehrtheils Diener jhrer Dienst erlassen worden.

Ihr Gnaden seynd noch ein zeitlang daselbst verblieben/ vnd jhrer anvertrauten vnd verrichten Ambassada halber/ ein allergnädigstes Käys. Decret: auch die dahero außständige Besoldung erlangt.

Den 21 Aprilis haben bey jhr Käys. Mayest. jhr Gnaden zu Wien widerumb allergnädigste Audientz gehabt/ vnd dißmal von selbigen Hof sein Abschied genommen vnd nacher Prag gereist.

Den 11 Maii, in deme jhr Gnaden auff Prag genahet/ haben die Altstädter Herrn deß Rahts daselbst/ dieselbe/ als jhren Hauptmann durch etlich auff zwo Gutschen entgegen geschickte abgeordnete empfahen/ vnd in einem dabey hart an der Strassen gelegenem Hauß ein stattlich Frühstück halten lassen/ auch neben andern nachmals vnter wegs zu vns gestossenen Herrn einbegleitet. Sind also Gott lob glücklich widerumb allda ankommen/ Als wir zwey Jahr vnd drey Monat mit dieser Reiß zugebracht.

Den 13 haben jetzgemelte Altstädter Herren jhr Gn. ein stattliches Panckét gehalten/ dabey der gantze Raht/ auch etliche Landherren gewesen.

Nach solchem hab auch endlich bey jhr Gn. ich gnädige Erlaubnuß vnd Abschied zu meinem contento erlangt.

Anno 1618: FEBRUAR Præsent der Käyserin übergeben.

APRILIS. Ihr Gn. halten sich noch etwas zu Wien auff.

Andere Audientz beym Käyser.

MAJUS. Ankunfft bey Prag/ vnd wie wir empfangen worden.

Wie lang wir auff der Reiß gewesen.

Altstädter Herrn halten ein Panckét.

Mein Abschied erlangt.

Q ij   Vierd-

124 Vierter Theil.

Vierdter Theil

Ist ein summarische

Anzeigung / warauff das mächtigste
Reich der Türcken/ oder wie sie sich nennen Mu-
sulmanlar, vnd selbiger Macht fürnemblich bestehet: Item
drey Verzeichnuß; darinnen vnnd der ersten alle die mit dem
Herrn Oratorn gereiste Herrnstandts-Adels-vnd andere jhm
angehörige Personen; in der andern/ was auff all solche von
Türcken an Victualien täglich zugeben verordnet worden;
vnnd in der dritten die mitgeführte Käyserliche Præsenten
specificirt.

Summarische Anzeigung; warauff
das mächtigste Reich der Türcken/ oder wie sie sich
nennen Musulmanlar, vnnd selbiger Macht für-
nemblich bestehet.

*Ist ein erb-
lich Reich/
nicht durch
Wahl.*

Rstlich kommen sie der Vneinigkeit we-
gen der Wahl/ durch deß Osmannischen Ge-
schlechts/immerwerendes Recht/zuvor/ in deme/
allein der Eltist selbigen Stammens zum Regi-
ment erfordert die andern aber hingericht werden.

*Einerley
Religion.*

II. Ist Musulmanischer seiten das Band einerley Re-
ligion/ vnnd was derselben anhengig/ durch keine Secten
zertrennt.

III. Das

Vierter Theil.

III. Dabey wol zumercken/ daß dannochter kein andere/ mit jhnen nicht zustimmende vnnd ruhsame Personen (wie begierig sie auch sonsten seynd jhren Aberglauben außzubreiten) deßwegen nicht angefochten/ gezwungen/weniger mit allerhand hinrichtung/ wie vnter vns Christen/ vnnd allein wegen eines anddächtigen Gewissens beschicht/ etwas vorgenommen würde: welche der Türcken bescheidenheit dann/ vieler Leut Gemüther dermassen einnimbt/ daß sie ein so groß Abschewen nicht haben sich vnter jhr Joch zubegeben/ weiln jhnen bewust wie es in diesen vnd andern fällen anderstwo zugehet.

Kein straff über die vngläubigen.

IV. Der willig vnd vngläubiger Gehorsamb/damit sie dermassen jhren Käysern sich bißhero vnterthänig erzeigt/ daß kein Nation auff Erden/mit jnen diß falls zuvergleichen.

Vngläubiger Gehorsamb.

V. Die jenigen so was erfahren/ sich versucht vnd wolverhalten/ ob sie gleich Schlaven/ vnd etwa schlecht vnd verdächtlichen herkommens gewesen/ werden ehrlich gehalten/ reichlich belohnt/ kommen auch zun höchsten Aemptern vnd Befelchen/ so wol Politischen als Kriegssachen/ Fürst-vnnd Königlichen Reichthumb/ auch wol gar/ durch Heyrathen/ in der Sultanen Verwandtnuß.

Belohnung derer so wol erfahren vnd sich wol verhalten.

VI. Verfahren hergegen gegen den Verbrechern/ vnd so wegen gemeiner wolfahrt sich in Todt zubegeben geförcht/ was Stands die auch seyn/ gantz ernstlich.

Straff derer so nicht recht handeln.

VII. Nemen sich einer scharpffen Authoritet vnd ansehens an/ vnd begehren nicht allein von den Vnterthanen/ sondern auch frembden hoch angesehen zu seyn/ welches sie durch jhren Gewalt vnd ernste manier deß Regiments/ voller trohens erlangen.

Nemen sich einer scharpffen Authoritet an.

VIII. Sie studieren/ aber nur der Lehr zugebrauchen/ vnd lassen kein langwierige Rechtefertigung passeren.

Ihr Studieren.

IX. Haben an Historien (wiewol sie den Druck nicht brau-

Vierter Theil.

9 Historien.

brauchen) kein mangel/ welche nicht nach gunst/ sondern dem gemeinen Nutz zu gut gestellt/ weiln auch darinnen der Sultanlar vntugent nicht verschwiegen bleibt.

10 Dexteritet der Justiti.

X. Administriren scharpffe Justitiam.

11 Maß im Essen vnnd Trincken.

XI. Brauchen im Essen vnd Trincken maß vnd nüchterkeit/ enthalten sich benebens fast ins gemein/ sonderlich die Aempter bedienen/ deß Weins.

12 Der Türcken Vestungen/ic. sind mit rechtsoldirten Soldaten besetzt.

XII. An vesten Städten vnnd Schlössern mangelts ihnen nicht/ welche mit allerhand Notturfft vnd gemeinglich solchen Gasen oder Rittersleuten versehen/ die auff erforderten Fall lieber das Leben als das zuvertheidigen eingeraumte Ort verlassen/ bevorab weiln sie gäntzlich glauben/ dardurch/ als (wie sie pflegen zureden) verfechter deß Musulmannischen Glaubens/ inn die Schaar der Schidsar oder Martyrer zukommen/ vermög dieses in ihrem Buch Mushaphum (sonsten Alcoran genañt) befindlichen Metaphorischē Spruchs oder Red: alle die/ welchen im stritt wegen ihrer Religion/ die Nasen mit Staub erfüllt: haben keines wegs zu förchten/ daß sie den Rauch oder Gestanck der Höllen schmecken werden/ da hingegen im andern fall/ sie solche Ort übergeben/ von den ihrigen/ als Weiber/ vnd nicht Kriegsmänner/ verdächtlich gehalten werden/ auch wol nach gestaldten sachen/ gar das Leben deßwegen hergeben müssen/ wie sie dann hierinn sonderlich gegen den Häuptern/ über die massen scharpff procediren.

13 Zum Kriegswesen in allem recht versehen.

XIII. Das gröste aber vnnd warauff sie fürnemblich bochen/ ist das Kriegswesen/ darunter begriffen dreyerley sachen/ Gelt/ Proviant, vnd allerley Kriegsrüstung/ welches sie nebē einem überfluß an leckmütigem Kriegsvolck (wie sie sich dann fast ins gemein vom Kriegswesen/ vnd nicht Handwercken oder dem Feldbau ernehren/ sondern solches den vnter ihnen wohnenden Christen befehlen) zu Roß vnnd Fuß-

Vierter Theil.

Fuß/ Waſſer vnd Land haben/ werden von Jugent auff dar=
zu erzogen vnd beſoldet/ durch Muſterung/ übung vnd ernſts
Kriegs Regiment gut gemacht/ können Hitz vnd Froſt/ Durſt
vnd Hunger leyden/ vnd ſich mit wenigem betragen/ dörffen
alſo keiner frembden Hülff oder Volcks/ dann ſie mit dem jh=
rigen gnugſamb verſehen/ zu denen auch auff erfordern die
Tartarn/ als dem Oſmanniſchen Hauß vntergebene/ ſtoſſen.

XIV. Damit jhnen aber auch an guter Kundtſchafft _14 Der Türck gute Kundtſchafft._
(ſo im Kriegsweſen das fürnembſt) nichts abgehe/ ſeynd ſie
nicht allein an allen jhren Gräntzen/ ſondern auch andern
Orten/ damit auffs beſt vnd dermaſſen verſehen/ daß zurech=
nen nichts in der Welt vornemes (ſonderlich da jhr Intereſ=
ſe mit vnterlaufft) beſchehen kan/ deſſen ſie nicht aviſirt vnd
bericht würden/ dazu die Speſa, ſo auff dergleichen Perſonen/
oder wie es die Türcken nennen/ Cara-vuli gehörig/ nicht
geſpart werden.

XV. Beſchließlichen ſteckt auch in dieſen ſubtil vnnd _15 Der Türck Witz vnnd auffſehen._
argliſtig Barbariſchen Köpffen/ nicht ein Barbariſche Witz
vnd Fürſichtigkeit/ ſondern der höchſte fleiß vnd munterkeit/
welchen ſie (es geſchehe durch was liſtig=vnnd betrüglichkeit/
warauff ſie ſich nicht wenig verlaſſen/ auch damit all andern
Barbariſchen Leuten/ weit überlegen/ vñ diß falls mit dem ne=
wen Doctor Machiavello, alles Maineyds vnd Vntrew/
überein ſtimmen) anwenden/ auff jhr ſchantz zu ſchawen/
vnnd in warnemung aller gelegenheit jhr Reich zu erweitern/
wie ſolches alles/ beedes die Hiſtorien vnnd tägliche er=
fahrung gnugſamb beweiſen vnd
anzeigen.

Erſte

Vierter Theil.

Erste Verzeichnuß/

Darinnen die mit dem Herrn Oratorn gereiste/ Herrnstandts/ Adels vnd andere ihm angehörig Personen specificè: der Cavalierer, Diener/ vnd die Gutscher aber summarisch gesetzt.

Erstlich/ folgen die/ so an ihr Gnaden deß Herrn Orators Tafel gesessen:

	Diener
In Franciscaner oder Barfüsser Mönch/ der Nation ein Vngar.	
Jaroßlaw Wolff von Sternberg/ꝛc. Böhemischen Herrnstandts/ darunter ein Edelknaben/	2
Ferdinand Rudolff Leschanycki/ꝛc. Böhem. Herrnstandts/ darunter ein Edelknaben/	7
Wentzeslaus Bauowantzcki ꝛc. Böhem. Herrnstandts/ darunter ein Edelknaben/	2
Adolphus von Buchheim/ꝛc. Baro Austr.	1
Lorentz von Hoffkirchen Baro Austr.	2
Christianus Schenck/ꝛc. Baro Siles.	1
Herman Gotz/ꝛc. Böhem. Herrnstandts	1
Johann Tschernin/ Böhem. Herrnstandts/	1
Hanß Werner Hundbiß von Waltramb, Nob. Sue. Hofmeister/	3
Burian Sechercka Nob. Bohem. Stallmeister/	1
Hubertus Retschin Nob. Bohem.	1
Ladislaus Lucaffscki/ꝛc. Nob. Bohem.	2
Wenceslaus Heractius, Nob. Bohem.	1
Marquartus Pfioffscki/ Nob. Bohem.	1
Abraham von Buschweyh Nob. Siles. Henr. Leschantzcki Hofmeister.	

Matth=

Vierter Theil.

Matthæus Marcus Ungar zugeordneter Käyſ. Secretarius, — 1
Julius Cæſar Durian Ital. H. Orators Conſiliarius, — — — 1
Johan Pertoldt Preuning patric. von Augſpurg/ — — — 1
Johan Paul Daumio Croat. Dolmetſch/ 1
Chriſtoph Jacob von Jackiſſaw/ꝛc. von Eger/ — — — 1
Georg Soldin von Heilbronn am Necker/ — — — — 1
Andreas Guntzel Sileſ. — — — — — — — 1

Zum andern/ Fenderich vnd Edelknaben:

Abraham von Haubitz Nob. Lauſat. Fenderich/
Johann Gereßlaw Grießbeck/ꝛc.
Johann Wöſtorwitz/ꝛc.
Johann Carl Sauomantzcki/ꝛc. } Bohem.
Johann Chriſtoph Malewitz/
Johann Georg Scharpff/ꝛc.
Sebaſtian Egen von Wien/ Auſtriac.

Zum dritten/ deß Herrn Orators Officirer vnd andere/ ſo ihm auffgewartet.

M. Martin Horcki von Schlackenwald
Adam Beſſerer von Gmünd in Oeſterreich/ Cämmerling/
Adam Wenner von Crailßheim in Francken/ Secretarius, vnd Autor dieſer Beſchreibung/
Adam Steffan Zſcheidna von Prag/
Hanß Albrecht Stiperocki von Prag/
Hanß Jacob Göbel von Speyer/
Chriſtianus N. von Franckfurt am Mayn/
Valentin Helbich von Hall in Sachſen/ Apotecker/
Paul von Krauſenthal von Joachimsthal/ Goldſchmidt vnd Silber Cämmerling/
Johann Thoniß von Hamburg in Seeſtätten/ Balbirer/

Vierter Theil.

Abraham Kneeff von Antwerffen in Niderland/ Contrafdiſter/
Andreas Pillenck ein Preuß Inſtrumentiſt/
Zebedeus d Galazi Ital. Diſcantiſt/
Jacomo Botozi d' Milan in Ital. Lauteniſt/
Joſeph Stuckleder von Wien in Oeſterreich Baſſiſt/
} Muſicanten.

Abraham Ebert von Straßburg Uhrmacher/
Johann Stenderle von Schwigaw in Böheim/
Georg Preuß von Newenmarck in Schleſien/
} Tafeldecker.

Johann Rüdinger von Leipzig in Meiſſen/ Kellermeiſter/
Kilian Floriſch von Maintz am Rhein/ Mahler/
Martin Lampert von Altenburg in Meiſſen/ Perleheffter.
Lorentz Lang von Scheßburg in Siebenbürgen/ Leibſchneider/
Michael Rauſch von der Cronſtatt in Siebenbürgen/ nachmals Leib-
  ſchneider/ der ander zog in Siebenbürgen/
Lorentz Rüdiger von Furt in der Marck Kuchenmeiſter/
Georg Angermayer von Graitz in Steyermarck/ Mund-
Johann Putzcki von Geraw in Schleſien/ Paſteten=
Caſpar Tauſend von Heyeroswerth in Schleſien/ Unter-
} Koch Kuchen Partey.

Jacob N. auß Böheim/
Dionyſius Boſoja von Loſatzcki in Böheim/
Paul Gütel von Wien in Oeſterreich/
} Zuſetzer.

Thomas Opffermann von Neſſelbach in Oeſterreich/ Zuſchrotter
Michael Mayer von Braun in Schleſien/
Martin Jaconitſch von Carlſtatt in Crabaten/
Georg Weiß von Glabenfürt in Kernten/
Ulrich Zepffler von Oetingen in Bayern/
} Trommeter.

Jacob Starz von Preßburg in Nider Ungarn/ Heerpaucker/
Johann Zeller von Wieſenbrunn in Bayern/ Feldpfeiffer/
Johann Diepelt von Michelfeld in der Obern Pfaltz/ Reitſchmied/
Nicolaus Podeck von Prag/
Nicolaus Geſolt von Luditz in Böheim/
} Wagenmeiſter.

Heinrich Ludwig von N. ein Preuß/

Samuel

Vierter Theil.

Samuel Hermolaus von klein Clogaw in Schlesien/ } Leibschützen
Elias Schort von Wien in Oesterreich/ } vnd Lackeyen.
Georg Priwolowitz von Petrin in Crabaten/
Johann Eberwein von Jtlingen auß Schwaben/ Bader/
Lucas N. auß Ober Vngarn/ Schlingen vnd Schnürmacher/
Martin Keil von Bartfeld in Nider Vngarn/ } Vngarische
Matthias Mescheckocki von Tschernembel in Crabaten/ } Schneider.

Zum vierdten/ der Gutscher vnd gemeinen Gesinds in die dreissig Personen.

Summa in allem bey hundert vnd funfftzig Personen.

Andere Verzeichnuß / was auff jetzgemelte Personen von Türcken an Victualien, &c. täglich zu geben verordnet worden.

280 Ofner Pindt oder Maß Wein/
400 Brod/ ein pro 1 Kreutzer/
1. Ochsen/ davon 80. Occa hieher gehörig/ Nota ein Occa ist bey dritthalb gemeiner Pfund/
10 Lebendige Schaf/
100 Hünner/
10 Enten/
20 Tauben/
5 Kila oder gemeine metzen Reiß.
10 Occa Butter/
5 Occa Hönig/
12 Occa schön Melb/
12 Occa Milch/
5 Occa Saltz/
150 Eyer/

R ij   10 Grosch

10 Grosse Wachs vnd
100 Vnschlit Kertzen eine pro ein Kreutzer/
   Item an allerley Gewürtz/ Fisch/ Essig vnd Gartenwerck/ gleichsfalls ein gnugsame Summa.
   Diese Ordinantz hat den 10 Junii angefangen/ vnnd biß auff den 29 Augusti Anno 1616 geweret/ weiln aber die Türcken mit liferung derselben sehr saumselig vnd langsam gewesen/ ist wie zuvorn das Holtz in die Kuchen vnd das Futter auff die Roß verschafft/ für die Victualien aber täglichs 150 Gulden geben: durch deß H. Orators verordnete davon einkaufft: vnd in werendem stilligen zu Constantinopel also continuirt worden.

Dritte Verzeichnuß der mitgeführten Käyserlichen Præsenten.

I. für den Türckischen Käyser.

Hundert guldene Knöpff mit Demanten versetzt/ angeschlagen vmb	4000. fl.
Ein Schreibtisch mit Silber geziert/ vmb	740. fl.
Ein groß silbern Kessel/ vmb	1200. fl.
Acht silbern Flaschen innen vergult/ vmb	857. fl.
Ein grossen Spiegel/ vmb	900. fl.
Zwo vergulte Vhren mit Gesangwerck/ vmb	1850. fl.
Ein grosse gantz silbern Apothecken/ vmb	10000. fl.
Zween Crystalline Leuchter/ vmb	400. fl.
Ein vergulte Vhr/ vmb	470. fl.
Ein Futral von Agaten/ vmb	600. fl.
Zween groß silbern vnd vergulte Mayenkrüg/ vmb	711. fl.
Zween silbern vergulte Leuchter/ vmb	900. fl.
Item drey vnvergulte/ vmb	1200. fl.
Zween groß silberne Becher mit Deckeln/ vmb	600. fl.
Ein gantz Crystalline Flaschen/ angeschlagen vmb	800. fl.

Vierter Theil.

Vier Stück Crystalline Trinckgeschirr / vmb - - - 850. fl.
Ein gantz silberne Truhen / innen vergult / vmb - - - 2318. fl.

Summa 28396. fl.

II. Für die Suldanin

Ein Näheküssen / vmb - - - - - - - - - 700. fl.
Zwo vergulte Uhrn / vmb - - - - - - - 360. fl.
Siebentzig guldene mit Edelgestein versetzt / vmb - - - 1000. fl.

Summa 2060. fl.

III. Für den Muffti

Ein Schreibtisch mit Silber geziert / vmb - - - 740. fl.
Ein Apotecken / vmb - - - - - - - 300. fl.
Drey Silbern vergulte Leuchter vnd vier Flaschen / vmb 500. fl.
Zwo Uhrn / vmb - - - - - - - 450. fl.

Summa 1990. fl.

IV. Für den Vezier Azem oder Vezier Bascha

Ein silber Trühelein / vmb - - - - - - - - 1800. fl.
Ein silbern Apothecken / vmb - - - - - - 500 fl.
An Uhrn - - - - - - - - - - 990. fl.
Ein Schreibzeug vnd Kammfutter / - - - 300. fl.
Ein Futral von Jaspiß / vmb - - - - - 300. fl.
Zwey silbern Becken vnd Gießkandten / sampt zwo Flaschen vnnd vier
   Mayenkrüglein vergult / vmb - - - - - - - 840. fl.

Summa 4730. fl.

V. Für den Caymecam.

Ein silbertrühelein angeschlagen vmb - - - - - 1350. fl.
Ein hoher Spiegel / vmb - - - - - - 600. fl.

Ein Vhr vnd Apotecken/ vmb — — — — — 1000. fl.
Ein Futral von Jaspiß/ vmb — — — — — 300. fl.
Zwey Vhrlein von Christall/ vmb — — — — 280. fl.
Zween silbern Becher vnd drey Flaschen innen vergult — 455. fl.

Summa 3985. fl.

VI. Für die Vezier an der Porten
An Silbergeschir vnd andern Sachen — — — — 3500. fl.

VII. Für den Ali Bascha zu Ofen
Ein Spiegel vnd Apotecken/ vmb — — — — 700. fl.
Zwo Vhrn/ vmb — — — — — — 940. fl.
Vier silber Flaschen innen vergult/ vmb — — — 560. fl.
Zwölff eingesetzte Becher/ vmb — — — — 250. fl.
Ein Nähekussen/ vmb — — — — — 300. fl.
Item sechs Roß sampt einem schön sattleten Wagen/ vmb 1400. fl.

Summa 4150. fl.

VIII. Für den Habill Effendi zu Griechischen Weissenburg
Ein Schreibtisch mit Silber geziert/ vmb — — — 300. fl.
Zwo Vhrn/ vmb — — — — — — 600. fl.
Zwo silbern Flaschen vnd 2 Blusmenkrüglein angeschlagen/ 280. fl.
Ein Nähekussen/ vmb — — — — — 250. fl.

Summa 1430. fl.

IX. Für den Kis-lar Aga
Ein hohe vergulte Vhr/ vmb — — — — — 400. fl.
Ein Futral von Jaspiß/ vmb — — — — — 200. fl.
Ein Vhr/ vmb — — — — — — — 180. fl.
Ein Christallines Trinckgeschirr/ vmb — — — 186. fl.

Ein Scha-

Vierter Theil.

Ein Schalen von Jaspiß/ vmb - - - - - 235. fl.
Vier Flaschen/ innen vergult - - - - - - 400. fl.

Summa 1601. fl.

X. Für den Scender Bascha

Ein silbern Becher vergult/ vmb - - - - - 160. fl.
Ein Kammfutter/ vmb - - - - - - - 140. fl.
Zwo groß vnd zwo kleine Vhr/ vmb - - - - 750. fl.

Summa 1050. fl.

XI. Für den Capizilar Azem Aga.

Ein Vhr/ vmb - - - - - - - - 210. fl.
Ein Kammfutter/ vmb - - - - - - - 140. fl.

Summa 350. fl.

XII. Für den Janitschar Aga

Ein vergulte Vhr/ vmb - - - - - 230. fl.

XIII. Für den Zausch Bascha

Ein vergulte Vhr angeschlagen/ vmb - - - - 230. fl.

XIV. Für den Ahmet Chiay gewesenen Türckischen Bottschaffter

Ein SilberTruhen/ vmb - - - - - - 2268. fl.

Summa Summarum aller Käyserlichen Præsenten bey 55070. fl.

Ende dieses vierdten Theils.

Register.

Register vnnd Erklärung etlicher vnbekandter namen vnd Ort/ deren in diesem Reisebuch gedacht wird.

A

Abgefallenen Teutschen verlauff/ fol.	106.117.
Ahmet Bascha Present übergeben/	51
Ahmet Chiay Türckischer Bottschaffter/	1
Ahmet Chiay wird Bascha zu Canischa/	64
Ahmet I. Türcki chor Käyser/	1
Alexina ein Dorff/	29
Ali Bascha, was es für ein Nam?	13
Ali Bascha zu Ofen/	6.12
Allmosengebung der Türcken/	87
Ankunfft zu Constantinopel/	46
Ankunfft zu Prag/	123
Ankunfft zu Wien/	122
Anthoni Selgemann von Augspurg wirdt entlediget	15
Arsenal,	96
Atcham-oglan ein Christen Zehendkind/	52
derselben Feindschafft wider die Christen	74
Audientz beym Bascha von Canischa/	112.115.
beym Bascha zu Ofen/	119
beym Caymecam,	63.76
beym Grand-Vezier,	70.76
beym Mufti,	76
beym Röm. Käyser/	122.123.
beym Seerdar Baschen/	68
desselben Urtheil von der Christen zwyfältigen Religion/	ibid.
beym Türck. Käyser/	52.64.83
beym Vostantzi Bascha/	58
Audientzimmer deß Türckischen Käysers/	55
Auffbruch zu Constantinopel/	99
Auffbruch zu Ofen/	120
Auffläuff zu Ofen/	110.113.117
Aufzug etlicher Handtwercker zu Constantinopel/	79
Auior erlediget ein Gefangenen/	118

B

Baja ein Dorff/	20
Barthel Hübner von Erfurt ertrunken/	21
Beerenbegung/	22
Beschreibung der Statt Constantinopel/	85
Beschreibung der Statt Gallata/	97
Beschreibung der Statt Preßburg/	5
Beschlaf oder Wiegenstein/	96
Blindenburg ein zerschossen Schloß/	10
Bockschad ein Dorff/	20
Beckol ein schlechte Palancka/	106
Boderschin ein Dorff/	29
Bruck an der Leiden/	121
Brucken ein Teutsche meil wegs lang/	108
Budack ein Dorff bey Preßburg/	5
Burgaus ein grosser Flecken/	43.100

C

Cadi-Oscher/ obriste Richter/	56
Cadi/ Türckischer vnter Richter/	57
Casaumer/ was es sey?	77
Capizilar Azem-aga, sind Obristen über die Thurnhüter/	54
Capizilar, deß Türckischen Käysers Thurnhüter/	54
Caravan-Sarajen, was es sey?	39.92
Carlewitz ein Dorff/	22
Caspar Gratianus Türckischer Commissarius,	1.13.
Caymecam helt ein Panckett/	64
Cäsar Gall Käys. Commissarius, 3.7.13.16.46	
Christengefahr bey den Türcken/	71.80.81
Christen Häuser werden zu Constantinopel durchsucht/	51
Christen/ Juden vnd Türcken tracht/	72
Christen Marck/	77.90
Christen Zehendkinder Feindschafft wider die Christen/	52
	Elesch

Register.

Giesel/ Käyserl. Rahts 9.13.112
Columna Pompeii, 62
dessen Beschreibung/ 94
Comorren ein Vestung in Ungarn/ 5.6.112
Constantinopel Beschreibung/ 85
Cubier ein Dorff/ 20
Curieschme ein Dorff/ 103
Cusacken/wer sie sind/vnd von wannen? 61

D

Deffterdar oder Rent-vnd Zahlmeister/ 105
Dewen ein Schloß vnter Wien/ 4
Divan oder offene Hoffrabt vnnd Gericht/ wenn vnd wo er gehalten? 69
Dorbarnisk ein schlechte Palancka/ 106
Do:es/ den Christen zuständig/ 8.118
Dragoman ein Dorff/ 30.103

E

Einzug zu Constantinopel/ 47
Erwehlung etlicher Baschen/ 68
Eschibaba ein Dorff/ 43.100
Eunuchij beym Türckischen Frawenzimmer/ 89

F

Fasten der Türcker/ 59
Fedwar/ ein zemliche Palancka/ 109
Fischegrad/ein zerschlessen Schloß/ 10
Felix Maria, ein Dorff/ 20
Franciscaner-Münch würd ertrenckt/ 51
Freytag ist der Türcken Sontag/ 57
Fürwitz Türckischer Weiber/ 18

G

Gallata der Stadt beschaffenheit/ 97
Gefahr bey enlledigung der Gefangenen/ 118
der Gefangenen Vndanck/ so erledigt werden/ 71.119
Gelberwen ein Dorff/ vnnd was sich allda zugetragen/ 102
Gockern/ ein Türckische Vestung/ 8.10
Grand Veziers Warnung/ 77
Grand Vezier zeucht wider den Persianer auß/ 83
Gran ein Türckische Vestung/ 8.9.28.121
C. Gratianus Türckischer Commissarius, 7.13
Griechisch Weissenburg/ 23.27.104.105

H

Habib Effendi zu Griechisch Weissenburg/ 26.119
Hadrianopel/ 36.41.100
Johann Dieterich von Reiffenberg/ec. Obrister zu Comorren/
Johann Georg Solbtu von Heylbronn/ 26
Haramanli ein groß Dorff/ 36.101
Harasambeg ein Palancka/ 109
Hassan Bascha ein Dorff/ 28.104
Haslarick ein Dorff/ 28.140
Hapitaraman ein Dö:fflein/ 33
Hebrus Fluvius bey Hadrianopel/ 36
Heinrich Ludwig ein Preuß gestorben/ 25
H. Herman Gey von Wistrig/ec. vnterwegs gestorben/ 104
H. Herman Tschernin von Chudenitz/ Freyherr/ wird Käyserl. Orator, 2
Hæmi ein Gebirg/ 102

J

Jagodna ein Flecken/ 29.104
Janitscharen/ wer sie seynd? 7
Jasi-basar, Christenmarck/ 90
Jehtimann ein Flecken/ 34.103
Jesuiten werden geprügelt/ 51
Isack ein Städtlein vnd Schloß/ 21
Imania ist das Mahumetisch Gesetz/ 59
Imaret oder Spital/ 41.42.91
viel Imaret zu Constantinopel/ 43.92
Insula Cyanea, 94
Johann Wagner von Braunschweig/ 26
viel Juden zu Constantinopel/ 92

K

Käyserlicher Orator Herman Tschernin. fol. 2.
Käyserl. Orator zeucht mit fliegenden Fahnen zu Constantinopel ein/ 46.50
Käyserl. Præsenten lieferung/ 54
Ketten über die Thonaw/ 19
Kisul-Bascha, ein Regent der Rotköpff/ 84
Kolgi, ein gehuldigtes Dorff/ 111
Königstall bey Ofen/ 11
Kuriecehme ein Dorff/ 30

S.   Laurens

Register.

L

Laurentz Starck von Stübig würd erledi-
get/ 15
Lazarus Despot/ 56
Leyba scheidet Oesterreich vnnd Vngarn
von einander/ 4
Lippa wird von Türcken eingenommen/ 26
Losaments Beschreibung deß H. Oratoris zu
Constantinopel/ 49
Lust in Bädern bey den Türcken/ 16

M

Marquart Pflofski ein Böhmischer vom
Adel/ 6
Maßlach/was es sey? 75
Medrowitz ein offener Flecken/ 106
Melchior Clesel Käyserl. Rath/ 3.13.122
Meschit oder Kirchen/ 51
Michael Starzer Käyserl. Pfandschilling/
44.45.
Mittel/ dardurch ein Christ das Leben er-
halten kan/ 81
Mogatsch ein zerstörte Stadt/ 108
H. von Mohlard Statt Obrister zu Wien/ 2
Morach/woe es seinen Namen verleurt? 4
Moraba Fluvius, 29
Muffti sein Præsent übergeben/ 55
Muffti, was sein Ampt sey? ibid.
ein Münch würd ertrenckt/ 51
Mustapha Bascha Leupri ein Türckisch Dorff/
101.
Musulman/ was es für ein Wort? 59

N

Namen der mitgereißten Personen/ 128
Neußmühl vnter Gran/ 6
Niclaus Bötting von Prag gehling gestor-
ben/ 69
S. Nicolaus ein Dorff/ 20
Niderländischen Bottschaffters fortreisen
auß Constantinopel/ vnnd was jhme be-
gegnet/ 69
Nissa ein Marcktflecken/ 29.30.104

O

Ofen ein Vestung inn Vngarn/ 11.18.28.
109.110.

H. Orator reitet heyen zu Constantinopel/ 73
dessen Sitz Ziabe genandt/ 2
Osseck ein welverwahrte Palancka/ 108
Oßmannische Porten/ was es sey? 44

P

Padi-Schach, ein König der Königen/ 52
Palancka/ was es sey? 14
Herr Palvi Stadthalter zu Preßburg/ 4
Pancket ⎨ beym Türckischen Käyser/ 52.83
⎨ in der alten Stadt Prag/ 123
⎨ zu Comorren/ 122
⎨ zu Griechisch Weissenburg/ 105
Pelrianders/sind Türckische Ringer/ 14
Perthold Preuning von Augspurg reiset nach
Prag/ 16
Pest vnter Ofen/ 19 (22
Peter Waradin ein Städtlein vnd Schloß/
Philippopoli ein grosser Fleck/ 34.35
Ponte-grande ein Arm deß Meers/ 45.100
Præsent der Käyserin/ 123
Preßburg beschreibung/ 5

R

Raab ein Vestung in Vngarn/ 5
Raschna ein schlechte Palancka/ 104

S

Sangiac-beeg. Obrister zu Gran/ 7.8
Sarai ist deß Türckischen Käysers Pallast/
59
Saw fluvius fellt in die Thonaw/ 23
Schangatcron ein schlechte Palancka/ 109
Scharckoi ein Marck/ 30.103
Scherbet ein Türckisch Getranck/ 9
Schiffbrucken über die Thonaw/ 19
Schwartze Meer warumb es also heisset? 62
Schwartze Thürn/ 95
Schwemdau in der Thonaw/ 22
Sermon ein Castell/ 23
Selibre ein Städtlein am Meer/ 44
100.
Sophia ein Marcktfleck/ 31.33.103
Subascha/was jhr verrichtung? 76
Sultan Bajazetis Schlacht bey Tzorli/ 43
Sultanin Præsent übergeben/ 56
Sultan

Register.

Sultan Murat der Erste, 56
Sultan Sulimans Wunsch, 45

T
Tartar ein schlechte Palancka, 108
Gr. Trautson Stadthalter zu Wien, 2
Tettel ein Städtelein vnd Schloß, 23
Theysa fluvius fleust in die Thonaw, 23
Timar-hum was es sey? 92
Tolna ein Dorff, 20. 109
Tracht der Christen, Juden vnd Türcken, 72
Tra fluvius kompt in die Thonaw, 21. 108

Türcken
- eyffern sehr, 17
- leyden keine Glocken vnnd Schlag vhren, 39
- ihr lobwürdig Stifftung, 41
- sind rechte Sodomiten, 77
- verübter Muthwill zu Ofen, 116
- ihre vornembste Gebew, 39

Türckische Music, 14
Türckischen Käysers Gestalt vnd Person, 55
 dessen Pracht, wann er in die Kirchen reitet, 57
Türckischen Weiber Lust in Bädern, 17
Türckischer Botschaffter Ahmet Chiay, 1
Türckische Ringer, 14
Türckischer Soldaten elendliche Ankunfft auß Persia, 67
Türckische Weiber verfehlen zu weilen deß Bads, 18
Türckisch Reich, worauff es bestehe? 124
Türck, was es für ein Wort? 73
Tzorli ein schöner Flecken, 43. 100

V
Verlauff eines abgefallenen Teutschen, 26
Verzeichnuß der Käyserl. Presenten nach Constantinopel, 132
Verzeichnus der Victualien, so täglich auffgangen, 131
Vezier-Azem wird vom Persianer geschlagen, 66
 was sein Ampt sey? ibid.
Vnd auch der Gefangenen, so von Christen erledigt worden, 71. 119
Vngarisch Altenburg, 122
Vngarn ein edel Land, 25
Vostantzi Bascha, Obrister Gärtner, 58

W
Waitzen ein Castell in Vngarn, 10. 111
Waimen oder Christen Gefängnuß, 97
Bawasnasch ein Christendorff, 122
Türckischer Weiber Kurtzweil in Bad, 18
Weins beschaffenheit in Türckey, 30
Weisse Meer, warumb es also heisse? 65
Werth der Käyserlichen Presenten, 135
Wesenstein oder Kauffhauß, 90
Wiegenstein, 96
Wie lang diese Reiß gewehret? 123
Wirtshäuser in Türckey, 40
Wildgarten, 97
Wulcka fluvius kompt in die Thonaw, 21
Wulckawar ein Schloß, 21. 107

Z
Zigeuner in Türckey, 14
Zlabe deß H. Oratoris Sitz, 2
Zorbaschi, wer die seynd? 11. 72
Zschorli ein schöner Flecken, 43. 100
Zuma oder Tempel zu Hadrianopel, 37

ENDE.